121

Merve Verlag

Von der Freundschaft als Lebensweise

Michel Foucault

Im Gespräch

Deutsch von
Marianne Karbe und Walter Seitter

Merve Verlag

Alle Texte sind, wenn nicht anders angegeben, von Marianne Karbe aus dem Französischen übersetzt. Nur »Sexualität und Einsamkeit« von Foucault/Sennett wurde von Walter Seitter aus dem Amerikanischen übersetzt.

Durchgesehene Ausgabe. Die Paginierung hat sich gegenüber der Auflage von 1985 verändert.

Kolonnadenstraße 5 | 04109 Leipzig
merve@merve.de | www.merve.de
Druck- und Bindearbeiten: Balto Print, Vilnius
Umschlagentwurf: Jochen Stankowski, Köln
ISBN 978-3-88396-041-8

Inhalt

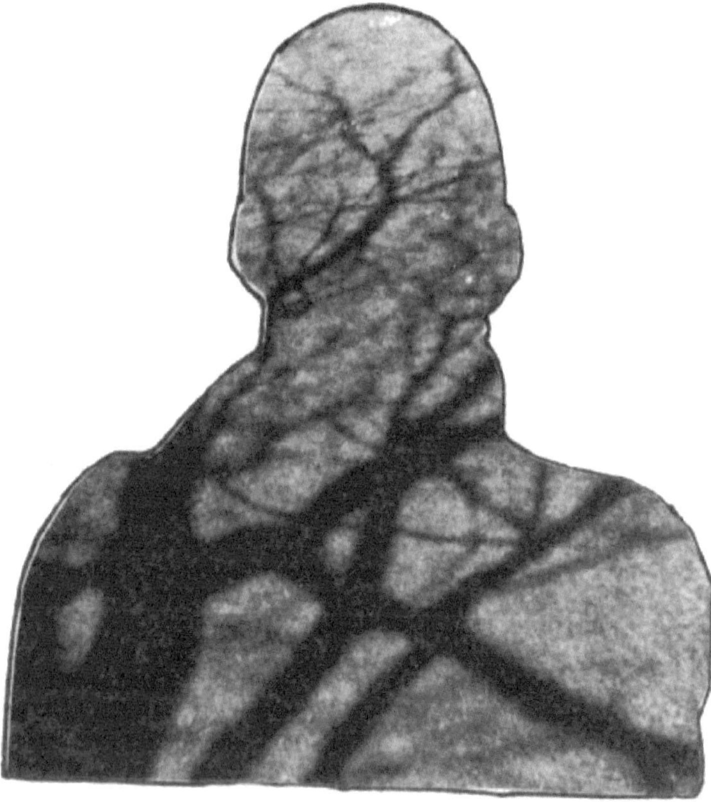

Statt eines Nachwortes

Heidi und Peter

> »So wie die Pausen ebenso gut zum musikalischen Teil gehören als die Noten, ebenso mag es auch in freundschaftlichen Verhältnissen nicht undienlich sehn, wenn man eine Zeitlang sich mitzuteilen unterläßt.«
> (Goethe an Achim v. Arnim, Weimar, den 22. Febr. 1814)

Die Idee zu diesem Band ist von Michel Foucault. Im Frühjahr 1982 hatte er uns bei einem Pariser Besuch einige der hier versammelten Texte vorgeschlagen. Es handelte sich um wenige verstreut erschienene Interviews, die einen winzigen Einblick in sein neues Unternehmen gewährten und die Reihe unserer Publikationen begleitender Texte fortführten. Sie kreisten um das Thema Homosexualität. Jetzt nun, da die »Geschichte der Sexualität« mit der Publikation von »L'usage des plaisirs« und »Le souci de soi« (beide am Tage seines Todes in Paris erschienen) seine überraschende Fortsetzung gefunden hat, wird deutlich, dass Foucault nicht noch den Wahnsinnigen, den Gefangenen, nun die Homosexuellen zum Gegen stand seiner Betrachtung gemacht hat, sondern den Spuren einer bestimmten Kultur nachging, die eine ganze Lebensweise, Lebensform, Lebenskunst im Auge hatte. Das Wort, das die Freundschaft bezeichnet, weist den Weg zu dieser Ästhetik der Existenz. Der vorliegende Band enthält Interviews, Gespräche mit Kollegen, Schülern, Journalisten, einen Nachruf auf einen Freund, eine Rezension eines befreundeten Autors, einen Seminarbeitrag. Gespräch und Freundschaft. Auch in seine Texte hat Foucault gern Gespräche und

Gesprächsfetzen eingebaut. Einer seiner schönsten Texte ist ein imaginäres Gespräch: der Schluss der »Archäologie des Wissens«.

Wir sind nicht seine Schüler und hoffen nicht die zu sein, die ihn entstellen. Wir sind Liebhaber, Dilettanten, Fans. Er hat uns den Kopf verdreht. Wir sagen mit Claude Mauriac: »Avoir approché Foucault est une des chances, un des bonheurs de ma vie.«

Lesen wir Foucault, den, der schrieb: »nein, nein, ich bin nicht da, wo Ihr mich vermutet, sondern ich stehe hier, von wo aus ich Euch lachend ansehe«.

Der maskierte Philosoph
Gespräch mit Christian Delacampagne (»Le Monde«)

Wir haben es hier mit einem nicht unbekannten französischen Schriftsteller zu tun, der mehrere Bücher veröffentlicht hat, die auch weit über die Grenzen Frankreichs hinaus einigen Erfolg hatten. Ein unabhängiger Denker, der mit keiner Mode oder Partei verbunden ist. Gleichwohl hat er es nur akzeptiert, mit uns ein Gespräch über den Status des Intellektuellen und den Ort der Kultur und der Philosophie zu führen, wenn eine Bedingung eingehalten wird: dass seine Anonymität gewahrt bleibt. Warum die Diskretion? Aus Scham, aus Berechnung oder aus Furcht? Die Frage verdient gestellt zu werden, selbst wenn am Ende dieser Unterhaltung sich für die pfiffigsten Leser das Geheimnis wahrscheinlich aufgelöst haben wird.

Gestatten Sie mir zunächst, Sie zu fragen, warum Sie sich entschieden haben, anonym zu bleiben?

Sie kennen sicher die Geschichte von jenen Psychologen, die in ein Dorf im hintersten Winkel Afrikas gekommen waren, um einen kleinen Test-Film zu zeigen. Anschließend bitten sie die Zuschauer, die Geschichte so zu erzählen, wie sie sie verstanden haben. Na ja, in dieser Story mit drei Personen hatte diese nur eines interessiert: das Gleiten der Schatten und Lichter durch die Bäume. Bei uns bestimmen die Personen die Wahrnehmung. Die Augen richten sich mit Vorliebe auf Gestalten, die kommen und gehen, auftauchen und verschwinden.

Warum ich Ihnen nahegelegt habe, dass wir die Anonymität benutzen? Aus Sehnsucht nach der Zeit, in der – da ich völlig unbekannt war – das, was ich sagte, einige Chance hatte, Gehör zu finden.

Die Berührungsstelle mit dem möglichen Leser war nicht vorgezeichnet. Die Wirkungen des Buchs tauchten an unerwarteten Orten auf und es zeichneten sich Formen ab, an die ich nicht gedacht hatte. Mit dem Autorennamen macht man es sich einfach. Ich schlage ein Spiel vor: das des »Jahres ohne Namen«. Ein Jahr lang würde man Bücher ohne Autorennamen veröffentlichen. Die Kritiker hätten mit einer rein anonymen Produktion klarzukommen. Aber vielleicht – wie mir gerade einfällt – hätten sie nichts zu sagen: alle Autoren würden das nächste Jahr abwarten, um ihre Bücher zu publizieren.

Würden Sie sagen, dass die Intellektuellen heute zu viel reden? Dass sie uns mit ihren Diskursen bei jeder passenden und unpassenden Gelegenheit überschütten?

Intellektueller scheint mir ein seltsames Wort zu sein. Intellektuelle – ich habe noch nie welche getroffen. Ich habe Leute getroffen, die Romane schreiben, und andere, die mit Kranken arbeiten. Leute, die ökonomische Analysen machen, und andere, die elektronische Musik komponieren. Ich habe Leute getroffen, die lehren, Leute, die malen, und Leute, bei denen ich nicht so recht verstanden habe, ob sie überhaupt etwas machen. Aber Intellektuelle, nie. Ich habe indessen viele Leute getroffen, die über den Intellektuellen reden. Und durch vieles Zuhören konnte ich mir ein Bild davon machen, was dieses Lebewesen sein mag. Das ist nicht schwer, es ist der, der Schuld hat. Schuld an allem Möglichen: zu sprechen, zu schweigen, nichts zu tun, sich in alles einzumischen... Kurz, wo es um Rechtsfindung, Aburteilen, Verurteilen und Ausschließen geht, muss der Intellektuelle her. Ich finde nicht, dass die Intellektuellen zu viel reden, für mich gibt's sie ja nicht. Ich finde, dass der Diskurs über die Intellektuellen stark um sich greift und wenig Anlass zu Ruhe gibt.

Ich habe eine grässliche Angewohnheit. Wenn die Leute so daherreden, versuche ich mir vorzustellen, was das, umgeschrieben in die Realität, ergäbe. Wenn sie irgendeinen »kritisieren«, wenn sie vor seinen Ideen »warnen«, wenn sie »verurteilen«, was er schreibt, stelle ich sie mir in der idealen Situation vor, da sie alle Macht über ihn hätten. Die Wörter, die sie benutzen, lasse ich ihren Lauf zurück in einen ursprünglichen Sinn nehmen: »zerstören«, »schlachten«, »zum Schweigen bringen«, »begraben«. Und ich sehe den strahlenden Staat am Horizont, in dem der Intellektuelle im Gefängnis säße und natürlich aufgehenkt würde, wenn er außerdem noch Theoretiker ist. Zugegeben, wir leben nicht in einem Regime, wo man die Intellektuellen zur Reisernte schickt; aber haben Sie nicht auch schon von einem gewissen Toni Negri reden gehört? Befindet er sich nicht im Gefängnis, insofern er ein Intellektueller ist?

Was hat Sie also dazu gebracht, sich hinter der Anonymität zu verschanzen? Dass Philosophen ihren Namen zu einem Markenartikel machen oder machen lassen?

Das stört mich überhaupt nicht. Ich habe in den Gängen meines Gymnasiums große Männer in Gips gesehen. Und jetzt sehe ich unten auf der ersten Seite der Zeitungen das Foto des Denkers. Ich weiß nicht, ob sich die Ästhetik verbessert hat. Die ökonomische Effizienz dagegen ganz sicher...

Sehr ergreifend ist für mich ein Brief, den Kant in einem schon fortgeschrittenen Alter geschrieben hatte: er beeile sich, erzählt er, gegen das Alter und die schlechter werdenden Augen und die sich verwirrenden Gedanken ankämpfend, eines seiner Bücher zur Leipziger Messe fertigzustellen. Ich erzähle das, um zu zeigen, dass es völlig unerheblich ist, ob Publicity oder nicht, ob Messe oder nicht, das Buch ist etwas ganz anderes. Nie wird man mir weismachen, dass ein Buch schlecht ist, weil sein Autor im Fernsehen zu sehen war. Aber nie ist es aus ebendiesem Grunde auch schon gut. Ich habe die Anonymität nicht etwa gewählt, diesen oder jenen zu kritisieren – das tue ich nie. Es ist ein Weg, mich direkter an den eventuellen Leser zu wenden, an die einzige Person, die mich interessiert: »Da Du nicht weißt, wer ich bin, bist Du nicht der Versuchung ausgesetzt, nach den Gründen zu suchen, warum ich sage, was Du liest; nimm Dir die Freiheit, Dir ganz einfach zu sagen: das ist wahr, das ist falsch. Das gefällt mir, das gefällt mir nicht. Punkt, Schluss.«

Aber erwartet das Publikum nicht von der Kritik, dass sie ihm genaue Einschätzungen gibt über den Wert eines Werkes?

Ich weiß nicht, ob das Publikum wirklich erwartet, dass der Kritiker über die Werke oder die Autoren sein Urteil fällt. Die Richter gab es wohl schon, bevor noch das Publikum hat sagen können, wozu es Lust hat. Courbet soll einen Freund gehabt haben, der nachts aufwachte und schrie: »Richten, ich will richten«. Kaum zu glauben, wie scharf die Leute darauf sind, zu richten. Überall und partout wird gerichtet. Wahrscheinlich handelt es sich hier um eines der einfachsten Dinge, wozu die Menschheit imstande ist. Wie Sie wissen, wird der letzte Mensch, wenn endlich eine letzte Strahlung seinen letzten Feind zu Asche gemacht haben wird, einen wackeligen Tisch nehmen, sich dahinter stellen und besinnen, dem Verantwortlichen den Prozess zu machen.

Ich kann nicht umhin, an eine Kritik zu denken, die nicht versuchte zu richten, sondern die einem Werk, einem Buch, einem Satz, einer Idee zur Wirklichkeit verhilft; sie würde Fackeln anzünden, das Gras wachsen sehen, dem Winde zuhören und den Schaum im Fluge auffangen und wirbeln lassen. Sie häuft nicht Urteil auf Urteil, sondern sie sammelt möglichst viele Existenzzeichen; sie würde sie herbeirufen, sie aus ihrem Schlaf rütteln. Mitunter würde sie sie erfinden? Umso besser, umso besser. Die Kritik durch Richtspruch langweilt mich; ich möchte eine Kritik mit Funken der Fantasie. Sie wäre nicht souverän, noch in roter Robe. Sie wäre geladen mit den Blitzen aller Gewitter des Denkbaren.

Es gibt also so viel kennenzulernen, so viele interessante Arbeiten, dass die Medien in einem fort von Philosophie reden sollten?

Sicher gibt es ein traditionelles Unbehagen zwischen der »Kritik« und denen, die Bücher schreiben. Die einen fühlen sich schlecht verstanden und die anderen glauben, dass man sie bei der Stange halten will. Aber so ist das Spiel. Mir scheint, dass wir uns heute in einer recht eigenartigen Situation befinden. Wir haben Institutionen des Mangels, während wir uns in einer Situation der Überfülle befinden. Jeder hat den Überschwang erlebt, der oft die Publikation (oder Neuauflage) von – übrigens manchmal interessanten – Büchern begleitet. Zumindest sind sie stets »die Subversion aller Codes«, das »totale Nein zur zeitgenössischen Kultur«, die »radikale Infragestellung aller unserer Denkgewohnheiten«. Ihr Autor muss ein verkannter Outsider sein. Und dafür ist es natürlich nötig, dass die anderen in die Nacht verwiesen werden, aus der sie niemals hätten auftauchen dürfen; sie waren nur der Abschaum »einer Mode, für die man nur ein müdes Lächeln übrig haben kann«, nichts als ein Produkt der Institution etc. Typisch für Paris, sagt man, und oberflächlich. Ich nehme darin eher die Wirkung einer tiefen Unruhe war. Das Gefühl des »kein Platz«, »er oder ich«, »jeder ist mal dran«. Man steht in einer Schlange wegen der extremen Enge der Räume, in denen man hören und sich Gehör verschaffen kann.

Daher eine Art Angst, die sich an tausend Symptomen zeigt, drolligen und weniger komischen. Daher bei denen, die schreiben, das Gefühl ihrer Ohnmacht angesichts der Medien, denen sie vorwerfen, die Welt der Bücher zu beherrschen und die, die ihnen gefallen oder missfallen, existieren oder verschwinden zu lassen. Daher auch bei den Kritikern das Gefühl, dass sie sich kein Gehör verschaffen können, es sei denn, sie werden frecher oder zaubern jede Woche ein Kaninchen aus ihrem Hut hervor. Daher auch eine Pseudopolitisierung, die hinter der Notwendigkeit, den »ideologischen Kampf« zu führen und »gefährliche Gedanken« aufzuspüren, die tiefe Angst verbirgt, nicht gelesen und nicht gehört zu werden. Daher auch die phantasmatische Phobie vor der Macht: wer schreibt, übt eine beunruhigende Macht aus, die man, wenn man ihr kein Ende machen kann, wenigstens in ihre Schranken weisen muss. Daher gleichermaßen die ein wenig beschwörende Behauptung, dass gegenwärtig alles leer, öde, uninteressant und unbedeutend sei: eine Behauptung, die offensichtlich von jenen kommt, die, da sie selbst nichts machen, finden, dass die anderen überflüssig sind.

Glauben Sie nicht auch, dass es unserer Zeit in der Tat an Geistern und großen Schriftstellern fehlt, die auf der Höhe ihrer Probleme wären?

Nein, ich glaube nicht an die alte Leier von der Dekadenz, vom Mangel an Schriftstellern, von der Sterilität des Denkens, von dem verhangenen und düsteren Horizont. Ich glaube im Gegenteil, dass es eine Überfülle gibt. Und dass wir nicht an einer Leere leiden, sondern daran, dass es zu wenig Mittel gibt, um all das zu denken, was geschieht. Und dies in einer Zeit, in der es einen Überfluss an Dingen gibt, die man wissen will: wesentliche und schreckliche, wunderbare, ulkige, winzig kleine und ausschlaggebende, alles gleichzeitig. Und außerdem gibt es eine gewaltige Wissbegierde, ein Bedürfnis oder einen Wunsch nach Wissen. Man beklagt sich immer, dass die Medien die Leute manipulieren. Etwas Menschenverachtung steckt in dieser Vorstellung. Demgegenüber glaube ich, dass die Leute reagieren; je mehr man sie überzeugen will, desto mehr stellen sie sich Fragen. Der Geist ist nicht weich wie Wachs. Er ist eine reaktive Substanz. Und der Wunsch, mehr und besser und anderes zu wissen, wächst in dem Maße, wie man die Schädel vollstopft.

Wenn Sie das zugestehen und dem noch hinzufügen, dass sich an der Universität und anderswo eine Masse von Leuten bildet, die als Drehscheibe zwischen dieser Masse von Dingen und dieser Wissbegierde dienen können, folgern Sie daraus schnell, dass die Arbeitslosigkeit der Studenten die absurdeste Sache ist, die es gibt. Das Problem besteht darin, die Informationskanäle, -brücken, -mittel, die Radio- und Fernsehnetze, die Zeitungen zu vervielfältigen. Die Wissbegierde ist ein Laster, das nach und nach vom Christentum, von der Philosophie und sogar von einer bestimmten Wissenschaftskonzeption stigmatisiert worden ist. Wissbegierde, Nichtigkeit. Dennoch gefällt mir das Wort; es suggeriert mir etwas anderes: es evoziert die »Sorge«; es evoziert, dass man sich um das was existiert *und* was existieren könnte bemüht; ein geschärfter Sinn fürs Wirkliche, der aber niemals vor ihm zur Ruhe kommt; eine Bereitschaft, das was uns umgibt, fremd und einzigartig zu finden; eine gewisse Versessenheit, uns von unseren, nicht nur familialen Gewohnheiten zu lösen und die gleichen Dinge anders zu betrachten; eine Leidenschaft, das was kommt und geht zu ergreifen; eine Ungezwungenheit hinsichtlich der traditionellen Hierarchien von wichtig und wesentlich.

Ich träume von einem neuen Zeitalter der Wissbegierde. Man hat die technischen Mittel dazu; das Begehren ist da; die zu wissenden Dinge sind unendlich; es gibt die Leute, die sich mit dieser Arbeit beschäftigen möchten. Woran leidet man? Am »Zuwenig«, ungenügende, quasi-monopolisierte, kurze, enge Kanäle. Es geht nicht darum, eine protektionistische Haltung anzunehmen, um zu verhindern, dass die »schlechte« Information durchkommt und die »gute« erstickt. Man müsste eher die Hin- und Her-Wege und -Möglichkeiten vermehren. Kein Merkantilismus à la Colbert auf diesem Gebiet. Was nicht heißen soll, wie man es oft befürchtet, Uniformierung und Nivellierung von unten aus. Sondern im Gegenteil, Differenzierung und Gleichzeitigkeit unterschiedlicher Netze.

Ich könnte mir vorstellen, dass auf dieser Ebene Medien und Universität, statt weiterhin gegeneinander zu arbeiten, dahin kommen könnten, komplementäre Rollen zu spielen.

Sie erinnern sich sicher an das herrliche Wort von Sylvain Lévi: Lehre ist, wenn man einen Hörer hat; sobald man zwei hat, ist es

Vulgarisierung. Bücher, Universität, wissenschaftliche Zeitschriften sind auch Medien. Man muss sich hüten, als Medien nur jene Informationskanäle zu bezeichnen, zu denen man keinen Zugang haben will oder kann.

Das Problem ist, zu wissen, wie man die Differenzen spielen lassen kann; zu wissen, ob man einen reservierten Bereich einrichten muss, einen »Naturschutzpark« für die zerbrechliche Gattung der von den großen Raubvögeln der Information bedrohten Wissenschaftler, während der Rest des Raums ein riesiger Markt für wertlose Produkte wäre. Eine solche Einteilung scheint mir der Realität nicht zu entsprechen. Schlimmer noch: überhaupt nicht wünschbar zu sein. Damit fruchtbare Differenzierungen ihr Spiel treiben, darf es keine Teilung geben.

Wagen wir ein paar konkrete Vorschläge. Wo soll man anfangen, wenn alles schlecht läuft?

Aber nein, es läuft nicht alles schlecht. Ich glaube jedenfalls, dass eine fruchtbare Kritik nicht mit den ständigen Klageliedern der Leute zu vermengen ist. Was die konkreten Vorschläge angeht, so können sie nur wie Gadgets erscheinen, wenn man nicht zuerst einige allgemeine Prinzipien zugesteht. Und vor allem dies: dass das Recht auf Wissen nicht einem Lebensalter und bestimmten Kategorien von Individuen vorbehalten sein darf, sondern dass man es ohne Stillstand und in vielfältigen Formen muss ausüben können.

Ist dieser Wissendurst nicht zweideutig? Was sollen die Leute denn schließlich mit all dem Wissen machen, das sie bekommen? Was können sie damit anfangen?

Es war eine Hauptfunktion des Unterrichts, die Bildung des Einzelnen mit der Bestimmung seines Platzes in der Gesellschaft zu verbinden. Heute müsste man den Unterricht so gestalten, dass er dem Einzelnen ermöglicht, sich nach eigenem Ermessen zu verändern, was aber nur unter der Bedingung möglich ist, dass die Lehre eine »permanent« angebotene Möglichkeit ist.

Kurz, sind Sie für eine Gesellschaft der Kenner?

Ich sage, dass der Anschluss der Leute an die Kultur nicht aufhören darf und so polymorph als möglich sein soll. Es sollte nicht einerseits jene Bildung geben, die man erfährt, und andererseits jene Information, der man ausgeliefert ist.

Was wird in dieser Gesellschaft der Kenner aus der ewigen Philosophie? Braucht man sie noch, sie und ihre Fragen ohne Antwort und ihr Schweigen angesichts des Unerkennbaren?

Die Philosophie, was ist sie, wenn nicht eine Weise, nicht so sehr über das, was wahr oder falsch ist zu reflektieren als über unser Verhältnis zur Wahrheit. Man beklagt sich manchmal, dass es in Frankreich keine herrschende Philosophie gibt. Umso besser. Keine souveräne Philosophie, das stimmt; aber immerhin eine Philosophie oder besser: Philosophie als *Aktivität*. Denn Philosophie ist eine Bewegung, mit deren Hilfe man sich nicht ohne Anstrengung und Zögern, nicht ohne Träume und Illusionen von dem freimacht, was für wahr gilt, und nach anderen Spielregeln sucht. Philosophie ist jene Verschiebung und Transformation der Denkrahmen, die Modifizierung etablierter Werte und all der Arbeit, die gemacht wird, um anders zu denken, um anderes zu machen und anders zu werden als man ist. Unter diesem Gesichtspunkt waren die letzten dreißig Jahre eine Zeit intensiver philosophischer Aktivität. Die Interferenz zwischen der Analyse, der Forschung, der »wissenschaftlichen« bzw. »theoretischen« Kritik und den Veränderungen im Verhalten, im wirklichen Verhalten der Leute, in ihrer Art und Weise zu sein, in ihrem Verhältnis zu sich selbst und anderen ist bemerkenswert und war stets vorhanden, Ich sagte eben, dass die Philosophie eine Weise war, über unsere Beziehung zur Wahrheit zu reflektieren. Das muss vervollständigt werden; sie ist eine Weise sich folgendes zu fragen: wenn dies das Verhältnis ist, was wir zur Wahrheit haben, wie müssen wir uns verhalten? Ich glaube, dass gegenwärtig und von jeher eine bemerkenswerte und vielfältige Arbeit geleistet wird, die gleichzeitig unser Verhältnis zur Wahrheit und unsere Verhaltensweisen verändert. Und zwar verbinden sich dabei eine Reihe von Forschungen und ein Ensemble von sozialen Bewegungen auf komplexe Weise miteinander.

Das ist das Leben der Philosophie selbst. Man versteht, dass einige über die gegenwärtige Leere jammern und wünschen, dass es in der Ordnung der Ideen ein wenig Monarchie gäbe. Aber die, die einmal in ihrem Leben einen neuen Ton, eine neue Weise zu blicken, eine andere Art zu tun gefunden haben, sie, so glaube ich, werden *niemals* das Bedürfnis verspüren zu (be)jammern, dass die Welt ein Irrtum und die Geschichte vollgestopft von Nicht-Existenzen ist und dass es Zeit sei, dass die anderen verstummen, um – endlich – die Glocke ihrer Verdammung zu hören...

Aus dem Französischen übersetzt von Peter Gente

Fotos: A. Paris

Sexualität und Einsamkeit

Michel Foucault und Richard Sennett

Richard Sennett:
Vor einigen Jahren entdeckten Michel Foucault und ich, dass wir – bezogen auf sehr unterschiedliche Epochen – am selben Problem interessiert sind. Das Problem ist: warum Sexualität für die Selbstdefinition der Menschen so wichtig geworden ist. Sex ist gewiss ebenso »basisch« wie Essen oder Schlafen, aber er wird in der modernen Gesellschaft als etwas mehr behandelt. Er ist das Medium, durch das die Menschen ihre Persönlichkeit, ihren Geschmack zu bestimmen suchen. Vor allem ist Sex das Mittel, mit dem die Menschen sich ihrer selber bewusst zu sein suchen. Dieses Beziehungsgefüge zwischen Selbstbewusstsein oder Subjektivität und Sexualität wollen wir erforschen. Nur wenige würden heute mit Brillat-Savarin sagen: »Sag mir, was du ißt, und ich sage dir, wer du bist!« Aber die Übertragung des Satzes auf das Gebiet des Sexes findet Zustimmung: Erkenne, wie du liebst, und du wirst wissen, wer du bist!

Michel Foucault und ich arbeiten wie gesagt über zwei weit auseinanderliegende historische Perioden, in denen dieses Thema des Selbstbewusstseins via Sexualität auftaucht. Er konzentriert sich darauf, wie das Christentum in seiner Frühzeit – vom dritten bis zum sechsten Jahrhundert – der Sexualität einen neuen Wert zuschrieb und sie neu definierte. Ich beschäftige mich mit dem späten 18. sowie dem 19. Jahrhundert und innerhalb dieser Periode damit, wie Ärzte, Erzieher und Richter ein neues Interesse für Sexualität entwickelten. Als uns klar wurde, dass wir an unsere beiden Epochen ziemlich ähnliche Fragen stellen, entschlossen wir uns zu einem Seminar, um zu sehen, welche Zusammenhänge wir herstellen können. Wir hoffen, versuchsweise einige Ideen über den fortdauernden Einfluss des Christentums auf die moderne Kultur zu gewinnen.

Ich selber hatte nicht vor, die Sexualität zu studieren, sondern die Geschichte der Einsamkeit in der modernen Gesellschaft. Ich wollte die Geschichte der Einsamkeitserfahrungen verstehen, weil mir das ein guter Weg schien, ein weites aber amorphes Sujet zu studieren: die Entwicklung der Subjektivität in der modernen Kultur. Wie hat sich der Begriff »ich« in den letzten zwei Jahrhunderten verändert? Um dieses sehr allgemeine Thema in den Griff zu bekommen, suchte ich die wechselnden Umstände zu erkennen, in denen sich Menschen mit sich selber allein fühlten: die Bedingungen des Familienlebens, des Arbeitslebens, des politischen Lebens, die die Leute dazu brachten, sich selber als allein seiend zu betrachten. Zuerst konzentrierte ich mich auf so handgreifliche Fragen: wie fühlten sich Leute inmitten der Stadtmenge allein (was für jemanden im 17. Jahrhundert unfassbar gewesen wäre), wie haben sich die Fabrikbedingungen verändert, so dass sich die Leute mehr und mehr voneinander isoliert fühlten? Die Historie der Umstände, in den sich die Menschen allein fühlen, erschien mir allerdings nach einer Weile dem Thema unangemessen. Vor allem konnte ich die mentalen Werkzeuge nicht erfassen, die die Menschen benutzten, um über sich selber nachzudenken, wenn sie allein sind. Im vergangenen Jahrhundert ist die Wahrnehmung der eigenen Sexualität ein Werkzeug der Selbstdefinition, das immer wichtiger geworden ist. So gab es am Ende des 19. Jahrhunderts die Vorstellung, dass, wenn einer die Familie verließ und in die Menge hinausging, er frei war, alle möglichen sexuellen Erfahrungen zu machen, die er sich als Familienmitglied nicht einmal wünschen hätte können. Auf diese Weise gab es zwei Sorten Begehren: eins für den anonymen Menschen, eins für den Familienmenschen.

Was bedeutet nun das Wort »Einsamkeit«? Wir kennen drei Einsamkeiten in der Gesellschaft. Wir kennen eine Einsamkeit, die von der Macht aufgezwungen ist. Das ist die Einsamkeit der Isolation, der Anomie. Wir kennen eine Einsamkeit, die bei den Mächtigen Furcht auslöst. Das ist die Einsamkeit des Träumers, des *homme revolté*, die Einsamkeit der Rebellion. Und schließlich gibt es eine Einsamkeit, die mit der Macht nichts zu tun hat. Es ist eine Einsamkeit, die auf der Idee des Epiktet beruht, dass es einen Unterschied gibt zwischen einsam sein und allein sein. Diese dritte Einsamkeit ist das Gespür, unter vielen einer zu sein, ein inneres Leben zu haben, das mehr ist als eine Spiegelung der Leben der Anderen. Es ist die Einsamkeit der Differenz.

Jede dieser Einsamkeiten hat eine Geschichte: Im Altertum war die von der Macht verhängte Einsamkeit das Exil, im Frankreich des 17. Jahrhunderts war es die Verbannung aufs Land. In einem modernen Büro ist die von der Macht geschaffene Einsamkeit ein Gefühl des Alleinseins inmitten der Masse. Im Altertum war der abgesonderte Träumer, den die Mächtigen fürchten, ein Sokrates, einer der gegen die Gesetze des Staates eine Rede höheren Gesetzes setzte, ein Ideal gegen eine etablierte Machtordnung. Der moderne *homme revolté*, ein Artaud oder ein Genet, setzt gegen die Machtordnung die Wahrheit der Gesetzlosigkeit. Die Einsamkeit der Differenz, die eher ein inneres Leben ist als ein Reflex anderer Leben, ist in ähnlicher Weise geschichtlich.

In den meisten Schriften zu diesem Thema, wird die Betonung auf die beiden ersten Einsamkeiten gelegt: Isolierte entweder als Opfer oder als Rebellen. Émile Durkheim ist vielleicht der größte Sprecher für den Einzelnen als Opfer, Jean-Paul Sartre für den Einzelnen als Rebell. Das Gefühl des Abstandes, des Unterschiedes findet weniger Beachtung – und zwar aus gutem Grund. Es ist nämlich eine maßlos verworrene Erfahrung in der modernen Gesellschaft, und ein Grund für die Konfusion liegt darin, dass unsere Ideen von Sexualität als Index der Selbstbewusstheit es uns schwer machen zu verstehen, wie wir neben anderen Individuen in der Gesellschaft stehen. Es ist diese dritte Einsamkeit, die Michel Foucault und mich interessiert.

Die Konfusion übers Beiseitestehen wegen seiner Sexualität ist teilweise angstgezeugt. Die ersten modernen Erforscher der Sexualität glaubten, sie würden eine schreckliche Pandorabüchse voll ungezügelter Lust, Perversion und Zerstörungskraft öffnen, wenn sie auf die sexuellen Wünsche der Menschen schauen, die ohne die zivilisierenden Zügel der Gesellschaft allein sind. Wenn wir die Texte von Tisset und anderen über die Masturbation analysieren werden, werden wir diesen Schrecken vielleicht spüren. Eine Person allein mit ihrer Sexualität erschien als eine Person allein mit einer sehr gefährlichen Kraft. In unserem Seminar suchten wir zu verstehen, dass diese Spätaufklärer- und Viktorianerängste vor der Büchse der Pandora innerhalb einer Person nicht einfach blinde Vorurteile oder Abirrungen wissenschaftlicher Forschung sind. Diese Ängste drückten Ideen über die Beziehung zwischen Geist und Körper, Sprechen und Begehren aus, derer sich die viktorianischen Ärzte selbst nicht bewusst waren. Ihre Einstellungen sind in grundlegenden christlichen Formeln über die Beziehungen zwischen Begehren, Sprechen und politischer Herrschaft geborgen. Was blindlings ererbt ist, wird wahrscheinlich blindlings weitergegeben. Viktorianische Moral liefert nicht bloß das moralische Fundament für die Rechtsaußenrufe nach sozialer Repression wie bei den letzten amerikanischen Wahlen. Sie fundiert auch (in gutartigeren Kreisen) den Glauben, dass man, wenn man seine Sexualität betrachtet, ein

»Problem« betrachtet, ein Geheimnis innerhalb von einem selbst, das einem großen Schaden zufügen kann, während es einem Vergnügen macht. Diese psychologische Aufladung der Sexualität ist ein Erbe viktorianischer Weisheit – auch wenn wir uns schmeicheln, ihre repressiven Vorurteile längst nicht mehr zu teilen. Die Idee einer aus seiner Sexualität zusammengesetzten Identität legt einem eine schwere Bürde auf sein erotisches Fühlen; eine Bürde, die für jemanden im 18. Jahrhundert kaum zu verstehen gewesen wäre.

Die zweite Ebene, auf der unser Seminar die Desorientierungen sexuellen Selbstbewusstseins thematisiert hat, betrifft die Herstellung des Bezuges vom Geist zum Körper. Wir haben im Seminar den Ausdruck »Technologie des Selbst« gebraucht, um die Verwendung der Sexualität zur Messung des menschlichen Charakters zu beschreiben. Ein Teil der modernen Technologie des Selbst besteht darin, mittels eines körperlichen Verlangens zu erheben, ob eine Person wahrhaftig ist oder nicht. »Meinst du es wirklich?«, »Bist du ehrlich zu dir selber?« Solche Fragen suchen Menschen zu beantworten, indem sie protokollieren, was der Körper wünscht: wünscht dein Körper es nicht, dann bist du nicht ehrlich zu dir selber. Subjektivität ist mit Sexualität zusammengejocht worden: die Wahrheit subjektiver Selbstbewusstheit wird als messbare Körperreizung begriffen. Die umgangssprachliche Frage »Fühlst du wirklich, was ich sage?«, die Verwendung des Wortes »Fühlen« als Maß der Wahrheit zwischen Menschen ist eine Folge dieser Paarung zwischen Sexualität und Subjektivität und bedeutet, dass etwas nicht wahr ist, wenn man's nicht fühlt. Die Ursprünge des Wahr-Sagens durch Körper-Wünschen sind in unserem Seminar bis zu christlichen Quellen zurückverfolgt worden. Die moderne Konsequenz ist, dass der launenhafte Kurs des sexuellen Verlangens wie

Säure auf das Zutrauen ins eigene Selbstbewusstsein gewirkt hat: da körperliche Wünsche wechseln, haben sich die Leute ihre neuen oder unterschiedlichen oder widersprüchlichen Wahrheiten über sich selber zu sagen. Zutrauen in einen selbst, in die Integrität des Selbstbewusstseins wird ausgehöhlt, da die Wahrheit von einem selber an die Standards des Körpers gebunden ist.

So hat die Sexualität dann Elemente der Angst und des Selbstzweifels in die Erfahrung dieser dritten Einsamkeit eingeführt, aufgrund derer man sich selber als unterschiedenes, getrenntes menschliches Wesen weiß. Es ist eine psychologische Binsenweisheit, dass das Gefürchtete oder das Ambivalente für eine Person besonders dringlich wird. Gerade die Ungewissheiten, die die Sexualität für die Subjektivität schafft, vergrößern die Bedeutsamkeit dieser Erfahrung: weil die Sexualität problematischer wird, wird sie wichtiger für unsere Selbstdefinierung. Ich nehme an, die theoretische und politische Sicht, die Foucault und ich teilen, ist die, dass die Sexualität zu wichtig geworden ist, dass sie mit Aufgaben der Selbstdefinition und der Selbsterkenntnis beladen worden ist, die sie nicht erfüllen kann und nicht erfüllen sollte.

Noch eine letzte Einleitungsbemerkung. Logischerweise könnte man zu diesem Problem von Sexualität und Einsamkeit sagen: »Vergessen wir's. Freuen wir uns am Sex und denken wir nicht mehr über uns selber nach!« Ich möchte sagen, warum ich nicht glaube, dass der Ausweg aus der Einsamkeit so gefunden werden kann.

Es gibt direkte Beziehungen zwischen Einsamkeit und Geselligkeit: wenn ein menschliches Wesen nicht ganz gut allein sein kann, kann es nicht mit anderen zusammen sein. Es gibt einen Rhythmus zwischen der Einsamkeit der Differenz und der Geselligkeit in der Gesellschaft, und diesen Rhythmus spüren wir nicht, weil die Erfahrung des Alleinseins mit uns selber teilweise so gestört ist. Andererseits können wir heute diesen Rhythmus in einer Weise erfahren, die früher unmöglich war, weil sich in der westlichen bürgerlichen Gesellschaft unermessliche Möglichkeiten aufgetan haben: leben in einer fragmentierten Gesellschaft.

Heute gibt es Gelegenheiten, den organischen Bindungen von Religion, Familie, Arbeit und Gemeinschaft zu entkommen, die früher viele Gesellschaften zusammengehalten haben – wenn schon nicht wirklich gänzlich, zumindest als ein gemeinsames Ideal. Wir fangen heute an, ohne die Liebe zum Organischen auskommen zu können. Riesige Bürokratien werden nicht mehr durch organische Solidarität zusammengehalten, wie Durkheim als erster ausgeführt hat; Familie und Arbeitsplatz sind nicht mehr sogar physisch im selben Haushalt verbunden, wie sie es im 18. Jahrhundert in der Stadt und auf dem Land waren. Religion spielt nicht mehr die integrierende Rolle, die sie im traditionellen katholischen oder jüdischen Leben spielte. Anstatt diese Veränderungen als Zeichen gesellschaftlichen Verfalls zu beklagen, sollten wir sie akzeptieren und versuchen zu sehen, wozu sie gut sein können. Mir scheint, dass sie neue Möglichkeiten sowohl für die Einsamkeit wie für die Geselligkeit bringen.

Der Verlust organischer Bindungen bedeutet, dass soziale Beziehungen mehr und mehr zur Sache freier Wahl werden könnten. Je weniger soziale Beziehungen in ein Schema von Natur, göttlichem Gesetz, organischer Notwendigkeit eingebettet sind, umso mehr sollten die Menschen fähig sein, sich selber als Geschöpfe neben ihren gesellschaftlichen Rollen vorzustellen. Wenn wir in soziale Beziehungen freiwillig eintreten, bedeuten sie umso mehr. Aber dieser Sinn fürs Wählen oder Nicht-Wählen einer Person in einer fragmentierten Gesellschaft hängt davon ab, dass man weiß, wie man sich selber als ein distinktes, als ein apartes Wesen mit seinem eigenen Recht zu sehen hat. Die Inflation der Sexualität als Maß psychologischer Wahrheit hat diese Art Selbsterkenntnis desorientiert.

Michel Foucault:
In einem 1840 veröffentlichten Werk über die moralische Behandlung des Wahnsinns berichtet ein französischer Psychiater, Louren, wie er einen seiner Patienten behandelt und – natürlich – geheilt hat. Eines Morgens stellte er einen Patienten A in einen Duschraum. Er lässt ihn sein Delirium detailliert hersagen. »Aber das alles«, sagte der Arzt, »ist nichts als Wahnsinn. Versprechen Sie mir, das überhaupt nicht mehr zu glauben!« Der Patient zögert, dann verspricht er es. »Das ist nicht genug«, antwortet der Arzt. »Sie haben mir schon ähnliche Versprechen gegeben und sie nicht gehalten.« Und er dreht die kalte Dusche über dem Kopf des Patienten auf. »Ja, ja, ich bin wahnsinnig!«, schreit der Patient. Die Dusche wird zugedreht; die Befragung wiederaufgenommen. »Ja, ich gebe zu, dass ich wahnsinnig bin.«, wiederholt der Patient. »Aber«, fügt er hinzu, »ich gebe es zu, weil Sie mich dazu zwingen«. Wieder eine kalte Dusche. »Ja, ja«, sagt A, »ich gebe zu, ich bin wahnsinnig, und das alles war nur Wahnsinn!«

Jemanden, der an Geisteskrankheit leidet, dazu bringen, dass er zugibt, dass er wahnsinnig ist, ist ein altes Verfahren in der traditionellen Therapie. In den Schriften des 17. und 18. Jahrhunderts findet man viele Beispiele für das, was man Wahrheitstherapien nennen könnte. Aber die von Louren angewandte Technik ist doch verschieden. Louren versucht nicht, seinen Patienten davon zu überzeugen, dass seine Ideen falsch oder unvernünftig sind. Was im Kopf von A passiert, interessiert Louren überhaupt nicht. Der Arzt wünscht, einen ganz bestimmten Akt zu erlangen, die ausdrückliche Aussage: »Ich bin wahnsinnig«. Seit ich vor ungefähr zwanzig Jahren diesen Passus von Louren gelesen habe, habe ich die Form und die Geschichte so einer bizarren Praktik analysieren wollen. Louren ist zufriedengestellt, wenn und nur wenn sein Patient sagt: »Ich bin wahnsinnig« oder »Das war Wahnsinn.« Lourens Annahme ist, dass Wahnsinn als eine Wirklichkeit verschwindet, wenn der Patient die Wahrheit ausspricht und sagt, er ist wahnsinnig.

Wir haben da das Gegenteil des performativen Sprechaktes: die Behauptung zerstört im sprechenden Subjekt die Wirklichkeit, die eben diese Behauptung wahr gemacht hat. Was für eine Konzeption von Diskurswahrheit und von Subjektivität ist in dieser seltsamen aber weitverbreiteten Praktik vorausgesetzt? Um meine Aufmerksamkeit auf ein anscheinend so spezielles Sujet zu rechtfertigen, möchte ich einen Schritt zurückgehen. In den Jahren vor dem Zweiten Weltkrieg und noch mehr danach war die Philosophie in Kontinentaleuropa und in Frankreich von der Philosophie des Subjekts beherrscht. Ich meine damit, dass die Philosophie es als ihre Hauptaufgabe betrachtete, die Abstammung aller Erkenntnis und aller Bedeutung von dem sinnstiftenden Subjekt aufzuzeigen. Die Wichtigkeit dieser Frage verdankte sich der Einwirkung Husserls, aber die zentrale Stellung des Subjekts war auch an einen institutionellen Kontext gebunden, denn die französische Universität konnte, seit die Philosophie mit Descartes begonnen hatte, nur auf einem cartesianischen Weg weiterkommen. Wir müssen aber auch die politische Konjunktur in Rechnung stellen. Angesichts der Absurdität von Kriegen, Blutbädern und Despotismus schien es dem individuellen Subjekt zu obliegen, seinen existenziellen Entscheidungen Sinn zu verleihen. Mit der Muße und der Distanz danach schien sich aber diese Emphase der Subjektphilosophie nicht mehr von selbst zu verstehen. Bislang verborgene theoretische Probleme konnten nicht mehr vermieden werden. Dieser Philosophie des Bewusstseins war es paradoxerweise nicht gelungen, eine Philosophie der Erkenntnis und besonders der wissenschaftlichen Erkenntnis zu begründen. Ebenso wenig war es dieser Philosophie des Sinns gelungen, die Formierungsmechanismen der Bezeichnung und die Systemstrukturen der Bedeutung in Rechnung zu stellen.

Im Nachhinein weiß man's bekanntlich immer besser – also lassen Sie mich sagen, dass es zwei mögliche Auswege aus jener Subjektphilosophie gab. Der erste war die Theorie der objektiven Erkenntnis als Analyse der Bedeutungssysteme, als Semiologie. Das war der Weg des logischen Positivismus. Der zweite Weg war der einer Schule der Linguistik, Psychoanalyse und Anthropologie, die unter »Strukturalismus« lief. Diese beiden Richtungen hab' ich nicht eingeschlagen. Lassen Sie mich ein für alle Mal verkünden, dass ich nicht ein Strukturalist bin. Und – mit dem angemessenen Bedauern – gestehe ich, dass ich nicht ein logischer Positivist bin. Niemand ist vollkommen. Ich habe eine andere Richtung ausprobiert. Um aus der Subjektphilosophie herauszukommen, habe ich eine Genealogie des modernen Subjekts als einer historischen und kulturellen Realität versucht, d. h. als etwas, was sich eventuell ändern kann (was natürlich politisch wichtig sein kann). In diesem allgemeinen Projekt kann man zwei Verfahren anwenden. Beschäftigt man sich mit modernen theoretischen Konstruktionen, so hat man es mit dem Subjekt im Allgemeinen zu tun. So habe ich die Theorien vom Subjekt als sprechendem, lebendem, arbeitendem Wesen im 17. und 18.

Jahrhundert zu analysieren versucht. Man kann sich aber auch mit dem mehr praktischen Verständnis befassen, das man in den Institutionen vorfindet, in denen bestimmte Subjekte Objekte von Erkenntnis und Beherrschung wurden: Asyle, Gefängnisse usw.

Ich wollte die Verstehensformen studieren, die das Subjekt über sich selbst schafft. Aber nachdem ich mich diesem Problemtyp zugewandt hatte, musste ich meine Meinung in mehreren Punkten ändern. Lassen Sie mich eine Art Selbstkritik einfügen. Es scheint, dass man einigen Anregungen von Habermas folgend drei Haupttypen von Technik unterscheiden kann: die Techniken zur Erzeugung, Umformung, Manipulierung von Dingen; die Technik zur Verwendung von Zeichen; und schließlich die Technik zur Bestimmung des Verhaltens von Individuen, zur Aufzwingung gewisser Zwecke oder Ziele. Also die Produktionstechniken, die Signifikations- oder Kommunikationstechniken und die Herrschaftstechniken. Ich aber wurde mir mehr und mehr bewusst, dass es in allen Gesellschaften noch einen anderen Typ von Technik gibt: Techniken, die es Individuen ermöglichen, mit eigenen Mitteln bestimmte Operationen mit ihren eigenen Körpern, mit ihren eigenen Seelen, mit ihrer eigenen Lebensführung zu vollziehen, und zwar so, dass sie sich selber transformieren, sich selber modifizieren und einen bestimmten Zustand von Vollkommenheit, Glück, Reinheit, übernatürlicher Kraft erlangen. Nennen wir diese Techniken Technologien des Selbst.

Will man die Genealogie des Subjekts in der abendländischen Zivilisation analysieren, so hat man nicht nur Techniken der Beherrschung, sondern auch Techniken des Selbst in Betracht zu ziehen. Man hat die Wechselwirkung zwischen diesen Techniktypen aufzuzeigen. Als ich Asyle, Gefängnisse usw. studierte, insistierte ich vielleicht zu sehr auf den Herrschaftstechniken.

Was wir Disziplin nennen, ist etwas wirklich Wichtiges in dieser Art Institution. Aber es ist nur ein Aspekt der Kunst der Menschenregierung in unseren Gesellschaften. Nachdem ich das Feld der Machtverhältnisse von den Herrschaftstechniken aus betrachtet hatte, möchte ich in den kommenden Jahren Machtbeziehungen von den Selbsttechniken aus untersuchen. Diese Selbsttechnologie impliziert wohl in jeder Kultur eine Reihe von Wahrheitsverpflichtungen: die Wahrheit aufdecken, durch die Wahrheit erleuchtet werden, die Wahrheit sagen. All das soll für die Konstitution oder für die Transformation des Selbst wichtig sein.

Was lässt sich nun über die Wahrheit als Pflicht in unseren christlichen Gesellschaften sagen? Wie jeder weiß, ist das Christentum ein Bekenntnis. Das heißt, dass das Christentum zu einem sehr speziellen Typ von Religion gehört – nämlich zu denen, die denjenigen, die sie praktizieren, Wahrheitsverpflichtungen auferlegen. Solche Verpflichtungen sind im Christentum zahlreich. So gibt es da die Pflicht, eine Reihe von Sätzen, die das Dogma bilden, für Wahrheit zu halten; es gibt die Pflicht, gewisse Bücher als eine bleibende Wahrheitsquelle zu betrachten; und die Pflicht, die Entscheidungen gewisser Autoritäten in Wahrheitsangelegenheiten zu akzeptieren. Aber das Christentum verlangt noch eine andere Wahrheitspflicht. Jeder Christ muss erforschen, wer er ist, was in ihm vorgeht, welche Fehler er begangen hat, welchen Versuchungen er ausgesetzt ist. Darüber hinaus ist jeder verpflichtet, diese Dinge anderen Leuten zu erzählen und daher Zeugnis abzulegen wider sich selber.

Die beiden Gruppen von Pflichten – diejenigen, die den Glauben, das Buch, das Dogma betreffen, und diejenigen, die das Selbst, die Seele und das Herz betreffen – sind miteinander verkettet.

Ein Christ braucht das Licht des Glaubens, wenn er sich selber erforschen will. Andererseits ist sein Zugang zur Wahrheit ohne die Reinigung der Seele nicht zu fassen. Auch der Buddhist hat zum Licht zu gehen und die Wahrheit über sich selber zu entdecken. Aber die Beziehung zwischen diesen beiden Pflichten ist ganz verschieden im Buddhismus und im Christentum. Im Buddhismus ist es dieselbe Art von Erleuchtung, die einen dazu führt zu entdecken, was man ist und was die Wahrheit ist. In dieser gleichzeitigen Erleuchtung des Selbst und der Wahrheit entdeckt man, dass man selbst nur eine Illusion war. Ich möchte unterstreichen, dass die christliche Entdeckung des Selbst das Selbst nicht als Illusion offenbart. Sie eröffnet vielmehr eine Aufgabe, die nur unendlich sein kann. Diese Aufgabe hat zwei Ziele. Erstens geht es darum, alle Illusionen, Versuchungen und Verführungen aufzuklären, die in der Seele vorkommen mögen, und die Wirklichkeit dessen aufzudecken, was in uns selber vorgeht. Zweitens hat man von jeder Anhänglichkeit an dieses Selbst frei zu werden – nicht weil das Selbst eine Illusion ist, sondern weil das Selbst allzu wirklich ist. Je mehr wir die Wahrheit über uns selbst entdecken, umso mehr haben wir uns selber zu entsagen; und je mehr wir uns selber entsagen wollen, umso mehr müssen wir die Wirklichkeit unser selber ans Licht bringen. Das ist die Spirale von Wahrheitsformulierung und Wirklichkeitsentsagung, die im Herzen der christlichen Selbsttechniken steht.

Vor kurzem sagte mir Professor Peter Brown, dass wir zu erkennen haben, warum die Sexualität in den christlichen Kulturen zum Seismographen unserer Subjektivität geworden ist. Es ist. eine Tatsache, eine geheimnisvolle Tatsache, dass in dieser Endlosspirale von Wahrheit und Wirklichkeit im Selbst die Sexualität seit den ersten Jahrhunderten unserer Zeitrechnung sehr wichtig geworden ist. Sie ist mehr und mehr wichtig geworden. Warum ist da so ein grundlegender Zusammenhang zwischen Sexualität, Subjektivität und Wahrheitspflicht? Das ist der Punkt an dem ich Richard Sennetts Arbeit begegnete.

Unser Ausgangspunkt im Seminar war ein Text des Hl. Franz von Sales: »Ich will von der Rechtschaffenheit des Elefanten sprechen. Ein Elefant verläßt niemals seine Gefährtin. Er liebt sie zärtlich. Er paart sich mit ihr nie öfter als einmal in drei Jahren, und das nur fünf Tage lang, und so versteckt, dass er beim Akt nicht gesehen wird. Am sechsten Tag läßt er sich wieder sehen, und das Erste, was er tut, ist, dass er schnurstracks zum Fluß geht und darin seinen ganzen Körper wäscht und dass er zu seiner Herde überhaupt nicht zu rückkehren will, bis er nicht gereinigt ist. Ist das nicht eine gute und ehrenhafte Gemütsart bei einem Tier, durch die es Eheleute lehrt, sich nicht zu sehr den sinnlichen und fleischlichen Lüsten hinzugeben?«

Jeder mag hier das Muster eines anständigen Sexualverhaltens erkennen: Monogamie. Treue und Fortpflanzung als die wichtigste oder vielleicht die einzige Rechtfertigung von sexuellen Akten – die selbst unter solchen Bedingungen innerlich unrein bleiben. Die meisten von uns dürften dazu neigen, dieses Muster dem Christentum oder der modernen christlichen Gesellschaft, wie sie sich unter dem Einfluss der kapitalistischen oder sogenannten bürgerlichen Moral entwickelt hat, zuzuschreiben. Als ich aber dieses Modell zu studieren begann, stellte ich mit Überraschung fest, dass man es schon in der römischen und sogar in der hellenistischen Literatur finden kann. Man findet dieselben Ideen, dieselben Wörter und eventuell denselben Hinweis auf den Elefanten. Es ist eine Tatsache, dass die heidnischen Philosophen in den Jahrhunderten vor und nach dem Tod Christi eine Sexualethik vorschlugen, die teilweise neu war, die aber große Ähnlichkeiten mit der christlichen Ethik aufwies. In unserem Seminar ist sehr überzeugend betont worden, dass dieses philosophische Modell sexuellen Verhaltens, dieses Elefantenmodell, damals nicht das einzige bekannte und praktizierte war. Es stand in Konkurrenz zu verschiedenen anderen. Aber dieses Modell wurde bald vorherrschend, weil es auf eine gesellschaftliche Transformation bezogen war, die die Auflösung der Stadtstaaten, die Entwicklung der imperialen Bürokratie und den wachsenden Einfluss der provinziellen Mittelklasse einschloss.

Für jene Zeit können wir eine Entwicklung zur Kernfamilie, tatsächlicher Monogamie, Treue zwischen den Eheleuten und Unbehagen über sexuelle Akte feststellen. Die philosophische Kampagne zugunsten des Elefantenmodells war sowohl ein Effekt wie ein Element dieser Transformation. Wenn diese Annahmen richtig sind, müssen wir einräumen, dass das Christentum diesen Code des Sexualverhaltens nicht erfunden hat. Das Christentum hat ihn angenommen und verstärkt und ihm eine viel umfassendere Strenge gegeben, als es vorher hatte. Aber die sogenannte christliche Moral ist nichts weiter als ein ins Christentum eingefügtes Stück heidnischer Ethik. Heißt das, dass das Christentum den Stand der Dinge nicht verändert hat? Tatsächlich haben die frühen Christen wichtige Veränderungen herbeigeführt – wenn schon nicht im Sexualcode selbst, zumindest in den Beziehungen, die jeder zu seiner eigenen sexuellen Tätigkeit hat. Das Christentum hat einen neuen Typ von Erfahrung. von einem selbst als einem sexuellen Wesen vorangetrieben.

Um die Dinge klarer zu machen, will ich zwei Texte vergleichen. Der eine stammt von Artemidor, einem heidnischen Philosophen des 3. Jahrhunderts; der andere ist das bekannte 14. Buch des *Gottesstaates* von Augustinus. Artemidor schrieb sein Buch über die Traumdeutung im 3. Jahrhundert nach Christus, er war aber ein Heide. Drei Kapitel dieses Buches sind den sexuellen Träumen gewidmet. Was ist die Bedeutung, genauer: was ist der prognostische Wert eines sexuellen Traums? Artemidors Interpretation ist das Gegenteil derjenigen Freuds: Er deutet sexuelle Träume auf wirtschaftliche, gesellschaftliche Beziehungen, auf Erfolge und Rückschläge in der politischen Tätigkeit und im Alltagsleben hin. Träumt man etwa, dass man mit seiner Mutter schläft, so bedeutet das, dass man als Amtsinhaber erfolgreich sein wird – da die Mutter offensichtlich das Symbol der Stadt oder des Landes ist.

Es ist also bezeichnend, dass die soziale Bedeutung des Traumes nicht von der Natur des Sexualaktes abhängt, sondern hauptsächlich vom sozialen Status der Partner. Für Artemidor ist es nicht wichtig, ob man im Traum mit einem Mädchen oder mit einem Knaben Sex hatte. Die Frage ist, ob der Partner reich oder arm war, jung oder alt, Sklave oder Freier, verheiratet oder nicht. Gewiss zieht Artemidor auch den Sexualakt selber in Betracht – wobei er ihn nur vom Standpunkt des Mannes aus sieht. Der einzige Akt, den er als sexuellen kennt, oder anerkennt, ist die Penetration. Dabei ist Penetration für ihn nicht nur ein sexueller Akt, sondern ein Teil der gesellschaftlichen Rolle eines Mannes in einem Gemeinwesen. Ich würde sagen, dass für Artemidor Sexualität etwas Relationales ist und dass sexuelle Beziehungen von sozialen Beziehungen nicht zu trennen sind.

Gehen wir nun zum Text von Augustinus über, der unsere Analyse zu ihrem Ziel gelangen lässt. Im *Gottesstaat* und später in *Gegen Julian* liefert Augustinus eine ziemlich schauerliche Beschreibung des Sexualaktes. Er sieht den sexuellen Akt als eine Art Krampf. Der ganze Körper, sagt Augustinus, wird von schrecklichen Zuckungen geschüttelt. Man verliert völlig die Kontrolle über sich selber. »Dieser sexuelle Akt ergreift so vollständig und leidenschaftlich Besitz vom ganzen Menschen, sowohl körperlich wie gefühlsmäßig, dass das Ergebnis die schärfste aller Lüste auf der Ebene der Sinnesempfindungen ist, und auf dem Höhepunkt der Erregung lähmt er praktisch jede Kraft überlegten Denkens.« Es muss bemerkt werden, dass diese Beschreibung nicht eine Erfindung von Augustinus ist: man findet sie gleichfalls in der medizinischen und heidnischen Literatur des vorhergehenden Jahrhunderts. Überdies geht Augustinus' Text fast wörtlich auf einen Passus zurück, den der heidnische Philosoph Cicero in *Otensius* geschrieben hat.

Der überraschende Punkt ist nicht, dass Augustinus eine so klassische Beschreibung des Sexualaktes geliefert hat, sondern dies, dass er nach so einer schrecklichen Schilderung einräumt, dass sexuelle Beziehungen im Paradies vor dem Sündenfall stattgefunden haben könnten. Das ist umso bemerkenswerter, da Augustinus einer der ersten Kirchenväter ist, der diese Möglichkeit zulässt. Natürlich kann Sex im Paradies nicht die epileptische Form gehabt haben, die wir unglücklicherweise jetzt kennen. Vor dem Fall war Adams Körper, jeder Teil davon, der Seele und dem Willen gänzlich untertan. Wenn sich Adam im Paradies fortzupflanzen wünschte, so konnte er das in derselben Weise und mit derselben Kontrolle wie beispielsweise Samen in die Erde säen. Er war nicht unwillkürlich erregt. Jeder Teil seines Körpers war wie die Finger, die man in jeder ihrer Stellungen kontrollieren kann.

Sex war eine artig den Samen säende Hand. Aber was geschah beim Sündenfall? Mit der ersten Sünde stand Adam gegen Gott auf. Er versuchte, Gottes Willen zu entkommen, und einen Willen aus eigenem Recht zu erwerben. Dabei ignorierte er, dass die Existenz seines eigenen Willens ganz und gar vom Willen Gottes abhängt. Als Bestrafung dieser Revolte und als Konsequenz dieses Willens, unabhängig von Gott zu wollen, verlor Adam die Kontrolle über sich selbst. Er wollte einen autonomen Willen erlangen und verlor den ontologischen Träger für diesen Willen. Der wurde dann unauflösbar mit unwillkürlichen Bewegungen vermischt, und diese Schwächung von Adams Willen hatte eine unheilvolle Auswirkung. Sein Körper und Teile seines Körpers hörten auf, seinen Befehlen zu gehorchen, revoltierten gegen ihn, und die Geschlechtsteile seines Körpers waren die ersten, die zu diesem Ungehorsam aufstanden. Die berühmte Gebärde Adams, der seine Geschlechtsorgane mit einem Feigenblatt bedeckt, beruht nach Augustinus nicht bloß auf Adams Scham über ihre Anwesenheit, sondern darauf, dass sie sich selber ohne seine Einwilligung bewegten. Der erigierte Sex ist das Bild des gegen Gott erhobenen Menschen. Die Überheblichkeit des Sex ist die Strafe und die Folge der Überheblichkeit des Menschen. Sein unkontrollierter Sex ist genau das, was er selber gegenüber Gott gewesen ist – ein Rebell.

Warum habe ich so sehr auf etwas insistiert, was nicht mehr zu sein scheint als eine jener exegetischen Phantastereien, mit denen die christliche Literatur so verschwenderisch war? Ich denke, dieser Text bezeugt die neue Art der Beziehungen, die das Christentum zwischen Sex und Subjektivität etabliert hat. Auch Augustinus' Konzeption ist noch von der Thematik und Form der männlichen Sexualität beherrscht. Aber die Hauptfrage ist nicht wie bei Artemidor das Problem der Penetration: es ist das Problem der Erektion. Warum es aber letzten Endes geht, ist nicht die Beziehung zu anderen Leuten, sondern die Beziehung von einem selber zu einem selber oder genauer: die Beziehung zwischen dem Willen und unfreiwilligen Aufstellungen.

Das Prinzip der autonomen Bewegungen der Sexualorgane wird von Augustinus Libido genannt. Das Problem der Libido, ihrer Stärke, ihres Ursprungs und ihrer Wirkung wird solchermaßen zum Hauptproblem des Willens. Es handelt sich nicht um eine äußere Behinderung des Willens, sondern um einen Teil, eine innere Komponente des Willens. Libido ist nicht das Erscheinen irgendwelcher Wünsche, sondern das Resultat des Willens, wenn er über die ihm von Gott ursprünglich gesetzten Grenzen hinausgeht. Folglich besteht der geistige Kampf gegen die Libido nicht wie bei Platon darin, dass wir unsere Augen emporrichten und die Wirklichkeit erinnern, die wir früher gekannt hatten und vergessen haben. Der geistige Kampf besteht im Gegenteil darin, dass wir unsere Augen beständig nach unten oder nach innen richten, um unter den Bewegungen der Seele diejenigen zu entziffern, die von der Libido kommen. Die Aufgabe ist unendlich, da Libido und Wille nie substanziell voneinander getrennt werden können. Und die Aufgabe ist nicht nur eine Frage der Meisterung, sondern auch der Diagnose von Wahrheit und Illusion. Sie erfordert eine permanente Hermeneutik eines selber.

In dieser Perspektive impliziert die Sexualethik strenge Wahrheitspflichten. Man muss nicht nur die Regeln eines moralischen Sexualverhaltens lernen, man muss beständig sich selber als Libidowesen genau prüfen. Sollen wir sagen, dass wir nach Augustinus unseren Sex im Kopf erfahren? Sagen wir zumindest, dass wir in der Analyse von Augustinus eine wirkliche Libidinisierung des Sexes feststellen. Augustinus' Moraltheologie ist bis zu einem gewissen Grad eine Systematisierung zahlreicher früherer Spekulationen, sie ist aber auch ein Ensemble spiritueller Techniken.

Liest man die asketische und mönchische Literatur des 4. und 5. Jahrhunderts, so ist man überrascht, dass diese Techniken nicht unmittelbar mit der Kontrolle sexuellen Verhaltens zu tun haben. Es ist nur wenig die Rede von homosexuellen Beziehungen, obwohl die meisten Asketen in ständigen und großen Gemeinschaften lebten. Die Techniken hatten hauptsächlich mit Gedankenströmungen zu tun, die ins Bewusstsein einfließen und durch ihre Vielfalt die notwendige Einheit der Kontemplation stören und insgeheim Bilder oder Einflüsterungen des Satans übermitteln. Die Aufgabe des Mönchs war nicht die des Philosophen: durch den endgültigen Sieg des Willens Herrschaft über sich selbst erlangen. Der Mönch hatte unabhängig seine Gedanken zu kontrollieren, er hatte zu prüfen, ob sie rein seien, ob sich nicht etwas Gefährliches in oder hinter ihnen verstecke, ob sie nicht etwas anderes befördern als was sie zunächst vorbringen, ob sie nicht eine Form von Illusion oder Versuchung seien. Solche Daten müssen immer unter Verdacht gestellt werden, sie müssen geprüft und probiert werden. Nach Cassian etwa muss man zu sich selbst wie ein Geldwechsler sein, der die Münzen, die er bekommt, überprüft. Wirkliche Reinheit ist nicht errungen, wenn sich einer zu einem jungen und schönen Knaben legen kann ohne ihn zu berühren – wie Sokrates zu Alkibiades. Ein Mönch war erst dann wirklich keusch, wenn kein unreines Bild in seinem Geist vorkam – auch nicht in der Nacht, auch nicht in seinen Träumen. Das Kriterium der Reinheit besteht nicht in der Aufrechterhaltung der Selbstkontrolle sogar in Gegenwart der begehrenswertesten

Menschen. Es besteht darin, die Wahrheit in mir selber zu entdecken und die Illusion in mir zu besiegen und die Bilder und Gedanken, die mein Geist ständig erzeugt, auszuschalten. Da liegt die Achse des spirituellen Kampfes gegen die Unreinheit. Die Hauptfrage der Sexualethik hat sich von den Beziehungen zu Menschen und vom Penetrationsmodell zur Beziehung zu sich selber und zum Erektionsmodell verschoben: zu den inneren Bewegungen, die sich vom ersten kaum wahrnehmbaren Gedanken zum schließlichen aber einsamen Erguss entwickeln. Wie unterschiedlich und vielleicht widersprüchlich sie auch sein mögen, so wird doch ein gemeinsamer Effekt aus ihnen herausgeholt: Sexualität, Subjektivität und Wahrheit sind fest zusammengebunden. Das ist glaube ich, der religiöse Rahmen, in dem das Masturbationsproblem – das von den Griechen fast ignoriert oder zumindest vernachlässigt worden ist, da ihrer Ansicht nach Masturbation etwas für Sklaven und Satyrn war, aber nichts für freie Bürger – als eines Hauptproblems des Sexuallebens erschien.

Richard Sennett:
Zum Schluss möchte ich zeigen, wie bestimmte christliche Vorstellungen von der Konfrontation mit einem selber durch die Konfrontation mit seiner Sexualität in der modernen Gesellschaft wiederaufgetaucht sind. Ich tue das, indem ich aus der Geschichte der Ideen über Masturbation von der Mitte des 18. bis zum Ende des 19. Jahrhunderts referiere.

Ich habe mit Absicht gesagt »wiederaufgetaucht«. Zu Beginn des 18. Jahrhunderts war Autoerotik kein Gegenstand besonderen Interesses für die ärztlichen oder pädagogischen Autoritäten. Gewiss war Onanie eine Sünde, aber es bestand ein Riss zwischen der christlichen Regel und der ärztlichen Diagnose. Autoerotik gehörte einfach zu den Störungen, die auftreten, wenn jemand sexuell zügellos ist. In Herman Boerhaaves *Institutiones medicae, in usus annuae exercitationis domesticos digestae* (Leiden 1708) wird die allgemeine Diagnose von sexueller Zügellosigkeit so gegeben: »Der allzu verschwenderisch ergossene Samen führt zu Ermüdung, Schwächung, Trägheit, Krämpfen, Magerkeit, Trockenheit, Hitze und Schmerzen in den Hirnhäuten mit Ermattung der Sinne, vornehmlich der Sicht *tabes dorsalis*, Verrücktheit und ähnlichen Störungen.« In der Zeit von Richard von Krafft-Ebings *Psychopathia sexualis* (Stuttgart 1886) werden diese Symptome auf Masturbation beschränkt. Und die Ursache dieser Symptome liegt nicht mehr »in der allzu verschwenderischen Durchführung des sexuellen Alters«, sondern im sexuellen Begehren. Allein und unabhängig erlebt führt sexuelle Begierde zu Masturbation, dann zu Homosexualität, schließlich zu Wahnsinn. Von Boerhaave zu Krafft-Ebing hat sich Sexualität verschoben: vom Verhalten einer Person zu ihrem Fühlen.

In dieser Verschiebung ist wohl das entscheidende medizinische Dokument das Werk des Schweizer Arztes Samuel Tissot: *Tentamen de morbis ex manustupratione* (Lausanne 1758). Tissots Buch war freilich nicht das erste über dieses Sujet im 18. Jahrhundert: diese zweifelhafte Ehre gebührt dem anonymen Engländer, der 1716 das Buch *Onania* veröffentlichte. Der Engländer behauptet zum ersten Mal, dass Masturbation eine eigenartige Krankheit mit einem speziellen klinischen Profil ist; aber seine Aufstellungen waren so dunkel und lose, dass das Buch zwar bei Erotica-Sammlern Erfolg hatte, jedoch vom wissenschaftlichen Publikum nicht ernstgenommen wurde. Tissots Buch hingegen wurde ernstgenommen: er setzte auseinander, weshalb Masturbation physiologisch zu Wahnsinn führen muss.

Tissot behauptet, dass Masturbation die machtvollste Sexualerfahrung ist, die eine Person physiologisch haben kann. Mehr als jeder andere Sexualakt pumpt sie Blut zum Gehirn. »Die Zunahme des Blutes«, schrieb er, »macht verständlich, wie diese Exzesse Wahnsinn erzeugen [...] Die Menge des Blutes dehnt die Nerven und schwächt sie; und sie sind weniger fähig, Eindrücken zu widerstehen, wodurch sie geschwächt werden.« Unter der Voraussetzung der damals gängigen Theorien von den Blut-Nerven-Beziehungen schien das völlig logisch. Was schockierend neu war und durch Tissots Theorie anscheinend wissenschaftlich bewiesen wurde, war dies, dass die Lust, die sich eine Person selber verschaffen kann, erotisch mächtiger ist als die Lust, die sie vom Verkehr mit einem Glied des entgegengesetzten Geschlechtes beziehen kann. Ohne soziale Beschränkungen, allein den reinsten Lustdiktaten überlassen, ist jeder in Gefahr, von Autoerotik verzehrt zu werden und so vielleicht in den Wahnsinn getrieben zu werden.

In diesem Text kritisiert Tissot das klinische Profil, das Boerhaave ein halbes Jahrhundert vorher aufgestellt hatte. Tissot führt acht Gründe an, warum Masturbation gefährlicher ist als sexuelle Ausschweifungen mit Frauen. Der letzte und stärkste Grund ist ein psychologischer. Der Masturbierende wird von »Scham und heftigen Gewissensbissen« überfallen – wie kein Don Juan. Die innere psychologische Erkennung pumpt soviel Blut ins Gehirn, dass die Nerven geradezu überflutet werden. Die physiologische Erklärung überzeugte wiederum die Zeitgenossen, und die schockierende Tatsache, die durch sie bewiesen schien, war dies, dass sich die Psyche buchstäblich selber durch ungezügeltes Begehren in den Wahnsinn treiben kann. Dass man von sich selber in den Wahnsinn getrieben werden kann: diese Idee eines inneren Prozesses taucht mit Tissot auf. Ein ganzes Binnensystem von Begehren, Erkennen,

Zerstören wird behauptet: Tissot definierte die Grenzlinien eines schrecklichen eingeschlossenen inneren Liebeslebens. Leidenschaftlicher, gewichtiger, gefährlicher als jede andere Erotik: wir müssen den Menschen, sagt Tissot, aus seiner Einsamkeit retten.

Es ist bezeichnend in Tissots Text, dass er den calvinischen Puritanismus auf dieses besondere sexuelle Phänomen appliziert. Er macht eine Unterscheidung zwischen der leidenschaftslosen wissenschaftlichen Einstellung, die der Arzt anderen Formen sexueller Störung wie Ausschweifung entgegenbringen muss, und der moralischen Haltung, die er gegenüber der Masturbation einnehmen muss. Masturbation ist ein »Verbrechen«, das den Masturbierenden »füglicher der Verachtung als der Erbarmung seiner Mitgeschöpfe überantwortet«. Boerhaave focht für ein wissenschaftliches Reden über Sexualität frei von christlicher Moral. Tissot bringt diese wieder herein, aber selektiv: nur Autoerotik ist christlicher Zensur »würdig«.

Tissot setzt drei Einstellungen zur Autoerotik in Gang, die die medizinische und pädagogische Meinung im späten 18. und dann im 19. Jahrhundert tief beeinflussten: Sexualität in Einsamkeit ist etwas tiefgehend Erweckendes; Autoerotik ist zweitens die Bedingung dafür, dass eine Person ihrer selbst höchst bewusst wird; allein sowohl sexerweckt wie selbstbewusst sein ist drittens gefährlich: der Körper ist auf dem Weg zum Wahnsinn und die Seele auf dem Weg ins Verderben. Bedeutsam an Tissots Vermächtnis und überhaupt am Phänomen der Autoerotik im 19. Jahrhundert ist der Versuch der Autoritäten, durch das Prismenglas der Autoerotik hindurch Erotik selber zu verstehen. Gerüstet mit diesen drei Annahmen brachen die Forscher auf, Sexualität zu prüfen und zu verstehen. Anstatt das Liebesleben zwischen den Leuten als einen Erkenntnisbereich zu betrachten, in dem der Arzt forschen kann, ging man daran, das Individuum zu separieren und es für sich zu studieren, weil die Person in der Isolierung ihre Sexualität am stärksten spürt. Damit wurde auf das Studium des Sexes der Individualismus des 19. Jahrhunderts angewandt: eine Person als ein isoliertes Individuum betrachten.

Tissots Zugang zur Autoerotik wurde so für das 19. Jahrhundert zu einer Methode, Sexualität zu konzipieren. Erstens gewöhnten sich Ärzte und Erzieher aufgrund ihrer Meinung über Autoerotik an die Annahme, dass sexuelles Begehren vor der sexuellen Anziehung existiert und von ihr getrennt werden kann. Man dachte, dass Begehren normalerweise als ein Geheimnis erlebt wird. Wenn Begehren zum Körper selber gehört, liegt es vor dem, dass man sonst jemanden begehrt, und ist es am stärksten, wenn es als Geheimnis gewahrt wird. Die sexuelle Begierde gehört dem Individuum: sie wird durch das Hinzugezogensein zu einem anderen Menschen eher befriedigt als geschaffen. Das Problem für den Arzt oder Lehrer war die Aufdeckung dieses Geheimnisses, das innerhalb des Individuums verborgen ist. Wir kennen die bizarren Symptome, die die viktorianische Medizin für den Masturbanten erfinden musste: plötzlicher Haarwuchs in der masturbierenden Hand, Anschwellen der Zunge, Dehnung der Augen oder – im Fall von Frauen Vergrößerung der Klitoris. Viktorianische Ärzte hatten einen Grund zur Erfindung dieser Symptome: da das Sexualbegehren selber geheim war, verborgen innerhalb des Individuums, konnte der Arzt oder eine andere Autorität das Individuum nur unter Kontrolle bekommen, wenn man Symptome schuf, die das Sexualbegehren verraten. Der Gipfel dieser Erfindungsphantasie wurde 1876 in einem Text von Pouillet über weibliche Masturbation erreicht, einem der ersten medizinischen Texte über dieses Sujet. Die Diagnose weiblicher Masturbation war: Verdrießlichkeit, Unfreundlichkeit gegenüber Fremden und Lügen. Das sind die unwandelbaren Zeichen, dass eine Frau masturbiert hat. Schließlich, sagt Pouillet, »ist da noch ein gewisses Etwas, ein *je ne sais quoi*, das leichter zu erkennen als in Worten auszudrücken ist.« Tissot hatte behauptet, dass Autoerotik den Missetäter in eine innere, verschlossene Welt hineinzieht. Mit Pouillet ist die Idee von Sexualbegierde überhaupt privat eingezäunt worden. Jemand anderer kann über diese Begierde Macht nur erlangen, wenn er am Körper. Zeichen findet, die ihre Anwesenheit verraten. Es muss etwas wahrzunehmen sein, wenn diese Machtbeziehung ausgeübt werden soll.

Der zweite Weg, auf dem Autoerotik ein Prismenglas zur Erfassung der Erotik wurde, betrifft die Beziehung zwischen Sexualbegehren und Imagination. Tissots Annahme, die autoerotische Erfahrung sei die mächtigste Sexualerfahrung, wurde nun auf die sexuelle Imagination ausgeweitet. In der Isolierung, meinte man, sprengen die sexuellen Wünsche alle Grenzen. In der Einsamkeit, schreibt Lallemand 1942, erfindet eine Person ein Liebesleben, das die Welt niemals ausreichend vollbringen kann. Der Arzt muss die Feuer des sexuellen Begehrens durch äußerliche repressive Maßnahmen niederdämmen. Übereinstimmend mit Lallemend sah man den ehelichen Sex als den großen Züchtiger der Begierde an. Was in diesen äußeren, sozialen Kontrolltechniken angestrebt wird, ist eine Gegenwirkung gegen den Einfluss der Einbildung. Zwischen Phantasie und sozialer Ordnung besteht ein grundlegender Antagonismus.

Die dritte und entscheidende Lektion der Autoerotik war, dass die Sexualität ein Barometer für die Messung des menschlichen Charakters sein kann. Im Lauf des 19. Jahrhunderts wurde Tissots physiologische Sicht beiseite gedrängt, aber seine Verbindung der Autoerotik mit dem moralischen Charakter eines Individuums wurde noch stärker. So heißt es in Robert Willsons *The Education of the Young in Sex Hygiene* (Cincinnati 1917): »Der Knabe, der seinem Vater und seiner Mutter voll und lachend in die Augen schauen kann, der seine Schultern zurückwerfen und tief atmen kann, dieser Knabe, der seinem Vater als seinen Kameraden und seine Mutter als seine beste Freundin betrachtet, der masturbiert nicht.« Er kann seinen Eltern voll und lachend in die Augen schauen, weil er nichts zu verbergen hat: er hat kein privates, solitäres Geheimnis über Sex. Diese Denkweise wird immer allgemeiner. Wahrhaftigkeit gegen über anderen Menschen hängt davon ab, wie eine Person ihre eigene Sexualität handhabt. Diese Handhabung ist schwierig, weil Sexualität als eine innerliche, mächtige, eingeschlossene Erfahrung von Begehren gesehen wird. Das Problem, das im Wahr-Sagen über Sex besteht, wird so ins Wahr-Sagen über ein Selbst verwickelt, das sich der Offenbarung widersetzt.

Augustinus meinte, dass sich die Bestimmung der Sexualität um das Fühlen dreht und nicht, wie Artemidor glaubte, um Aktion oder soziale Position. Das ist auch hier der Fall. Sexualität ist die Architektur eines Reichs inneren Begehrens. Die ärztlichen und die christlichen Texte teilen die Vorstellung, dass das, was Selbsterkenntnis wirklich konstituiert, eher die Konfrontation mit dem, was man begehrt ist, als mit dem, was man tut.

Eine Machtbeziehung ist in diesen Knoten aus Wahrhaftigkeit, Sexualität, und persönlicher Selbsterkenntnis hinein geknüpft. Der Knoten ist so verwickelt, dass die Person eine äußere Autorität braucht, um ihn aufzuräufeln: der Christ beichtet dem Priester, wir gehen zum Arzt. Nicht zur Stützung der Sexualrepression ist die viktorianische Medizin zu den christlichen Wurzeln der Kultur zurückgekehrt, sondern zur Bestätigung der psychologischen Wichtigkeit, die der Erkenntnis seiner selber vermittelst des Rates und der Kontrolle eines anderen, mehr wissenden Menschen zugeschrieben wird.

Diese Analyse von Tissots Vermächtnis kann auf das Problem der Einsamkeit der Differenz bezogen werden, das ich eingangs aufgestellt habe. Sexualität ist etwas, was jeder Mensch erfährt; aber infolge der medizinischen und pädagogischen Theorien des letzten Jahrhunderts glauben wir, dass wir durch das Verstehen unserer Sexualität zu verstehen vermögen, was an uns selber apart und in dividuell ist. Das Allgemeine wird benutzt, um das Besondere zu bestimmen. Wenn es in diesem viktorianischen Erbe ein Element gibt, das diesen Prozess verwirrend macht, dann ist es dies, dass Sexualität eher durch Begehren als durch Aktivität definiert wird. »Alle haben sexuellen Verkehr«, sagte ein Patient Krafft-Ebings, »aber jede Person denkt dabei an etwas Besonderes.« Es ist tatsächlich schwierig, wenn nicht unmöglich, von den privaten sexuellen Begierden einer Person auf ihre Fähigkeit zu Loyalität, Mut oder Wahrhaftigkeit gegenüber anderen zu schließen. Dass diese Gedanken, diese Wünsche, diese Phantasien so privilegiert, so hoch veranschlagt werden für die Bestimmung einer ganzen individuellon Persönlichkeit, das schafft gerade so ein Mysterium um die individuelle Differenz. Die Privilegierung des Begehrens ist eine christliche Erbschaft. Wir sind heute längst nicht fähig, mit dem fertig zu werden, was wir geerbt haben.

Ein ganz harmloses Vergnügen

Homosexuelle, so eine psychiatrische Abhandlung, begehen oft Selbstmord. »Oft« gefällt mir ausgezeichnet. Stellen wir uns also lange, schmächtige Jungen mit viel zu blassen Wangen vor; unfähig, die Schwelle zum anderen Geschlecht zu überschreiten, stehen sie ihr Leben lang immer wieder an der Schwelle des Todes, um sie sogleich wieder zu verlassen und die Tür geräuschvoll zuzuschlagen. So etwas belästigt natürlich die Nachbarn. Anstatt mit dem schönen Geschlecht, vermählen sie sich mit dem Tod, mit der anderen Seite anstatt mit dem anderen Geschlecht. Sie können aber ebensowenig richtig sterben wie wirklich leben. Mit diesem lächerlichen Spiel bringen sich Homosexuelle und Selbstmord gegenseitig in Verruf.

Wir wollen uns hier ein wenig für den Selbstmord einsetzen. Nicht für das Recht darauf, worüber zu viele schon allerhand Gutes gesagt haben. Vielmehr wollen wir etwas gegen das Erbärmliche sagen, als das er hingestellt wird. Gegen die Demütigungen, die Heuchelei und das verdächtige Betragen, das ihm notgedrungen anhaftet: heimlich und hastig Pillenschachteln sammeln, ein gutes solides Rasiermesser von einst auftreiben, vor dem Schaufenster einer Waffenhandlung herumlungern, hineingehen und dabei möglichst einen guten Eindruck machen. Während man doch, so denke ich, nicht etwa nur eifrige Rücksichtnahme beanspruchen könnte (was eher peinlich wäre), sondern auch ernsthafte und sachkundige Beratung. Man sollte über die Eigenschaften und Wirkungen jeder Waffe diskutieren können, man hätte gern einen erfahrenen Verkäufer, lächelnd und ermutigend, aber zurückhaltend und nicht zu geschwätzig; er sollte wohl verstehen, dass er es mit einer Person zu tun hat, die zwar guten Willens, aber ungeschickt ist, denn sie ist nie auf den Gedanken gekommen, ein Gerät zu benutzen, das dazu dient, auf jemand anderen zu schießen. So sollte ihn seine Dienstbeflissenheit nicht hindern, Ihnen zu anderen Mitteln zu raten, die zu Ihrer Lebensart und Ihrem Naturell vielleicht besser passen. Diese Art des Handels und der Unterhaltung taugte tausendmal mehr als die Auseinandersetzungen mit den um die Leiche herumstehenden Angestellten des Bestattungsunternehmens.

Leute, die wir nicht kannten und die uns nicht kannten, haben es so eingerichtet, dass wir eines Tages plötzlich existierten. Sie gaben vor und haben es sich zweifellos ernsthaft eingebildet, uns zu erwarten. Jedenfalls haben sie unseren Eintritt in die »Welt« mit viel Sorgfalt und ein wenig unbeholfener Feierlichkeit vorbereitet. So geht es nicht an, dass man uns nicht gestattet, mit der ganzen Sorgfalt, Intensität und Tatkraft, die wir wünschen, und mit den paar Mitwissern, die uns passen, dieses Etwas vorzubereiten, an das wir schon lange denken und dessen Plan wir seit unserer Kindheit – seit einem Sommerabend vielleicht – hegen. Es sieht so aus, als ob für die menschliche Gattung das Leben vergänglich und der Tod gewiss ist. Warum muss man aus dieser Gewissheit nun einen Zufall machen, der durch sein plötzliches und unvermeidliches Eintreten die Züge einer Bestrafung annimmt?

Die Weisheiten, die versprechen, das Sterben zu lehren, und die Philosophien, die angeben, wie man davon zu denken hat, nerven mich ein wenig. Was uns angeblich »darauf vorbereitet«, bleibt mir gleichgültig. Man muss es vorbereiten und arrangieren, es Stück für Stück fabrizieren und berechnen, am besten schon seine Ingredienzien finden, es sich vorstellen, auswählen und Rat einholen, man muss daran arbeiten, um daraus ein Werk ohne Zuschauer machen zu können, ein Werk, das allein für mich da ist und gerade so lange, wie die kleinste Sekunde des Lebens dauert. Sicher, die Überlebenden sehen rings um den Selbstmord nur jämmerliche Spuren von Einsamkeit und Ungeschicklichkeit, Rufe ohne Antwort. Sie kommen nicht umhin, die Frage nach dem »Warum?« zu stellen. Dabei sollte man gerade diese Frage in Bezug auf den Selbstmord nicht stellen.

»Warum? Ja ganz einfach deshalb, weil ich es gewollt habe.« Es stimmt, dass der Selbstmord entmutigende Spuren hinterlässt. Aber wer ist dafür verantwortlich? Glauben Sie denn, dass es Spaßmacht, sich in der Küche erhängen und eine blauangelaufene Zunge herausstrecken zu müssen? Oder sich im Badezimmer einzuschließen, um den Gashahn aufzudrehen? Oder auf dem Bürgersteig ein kleines Stückchen Hirn zurückzulassen, das die Hunde dann beschnuppern? Ich glaube an die Spirale des Selbstmords: Gewiss fühlen sich die meisten Leute gedemütigt, wenn sie sich all das Peinliche vorstellen, zu dem man einen Selbstmordkandidaten zwingt (ganz zu schweigen von den Selbstmördern selbst – mit der Polizei, der Feuerwehr, dem Hauswart, der Autopsie und anderem mehr); also bringen sich viele lieber um, als weiter daran denken zu müssen.

Ratschlag für Menschenfreunde: Wenn Ihr wirklich erreichen wollt, dass die Zahl der Selbstmörder abnimmt, dann sorgt dafür, dass sich nur noch Leute umbringen, die dies ruhig und überlegt und frei von Ungewissheit tun. Man sollte den Selbstmord nicht den Unglücksraben überlassen, die ihn vielleicht verpfuschen und daraus etwas Elendes machen. Auf jeden Fall gibt es viel weniger Glückliche als Unglückliche.

Es erschien mir immer schon seltsam, wenn man sagte, über den Tod brauche man sich nicht zu sorgen, denn zwischen dem Leben und dem Nichts sei er selbst eigentlich nichts. Doch müsste nicht gerade dieses Wenige aufs Spiel gesetzt werden? Es müsste daraus etwas gemacht werden, und zwar etwas Gutes. Zweifelsohne haben wir eine Menge Vergnügungen versäumt, wir haben mittelmäßige gehabt und haben uns andere entgehen lassen – aus Zerstreutheit, Faulheit oder Phantasielosigkeit oder auch wegen mangelnder Hartnäckigkeit; wir haben so viele völlig monotone Vergnügungen gehabt. Glücklicherweise verfügen wir nun über jenen absolut einzigartigen Moment: vor allem um ihn muss man sich sorgen; und zwar nicht, um sich zu beunruhigen oder sich wieder zu vergewissern; um daraus vielmehr ein maßloses Vergnügen zu machen. Seine geduldige Vorbereitung – ohne Unterlass, aber auch ohne Fatalismus – wird das ganze Leben erleuchten. Selbstmord-Fest und Selbstmord-Orgie sind nur Slogans dafür; es gibt andere ausgesuchtere und überlegtere Formen.

Wenn ich die »funeral homes« in den Straßen der amerikanischen Städte sehe, so bekümmert mich nicht nur ihre entsetzliche Banalität (als sollte der Tod jeden Funken Phantasie auslöschen), sondern ich bedauere, dass sie nur für Leichen genutzt werden und von Familien, die glücklich sind, noch am Leben zu sein. Warum gibt es denn für jene, die relativ mittellos sind oder so lange überlegt haben, dass sie es satt haben und sich nun auf völlig standardisierte Kunstgriffe verlassen, warum gibt es für sie nicht jene phantastischen Labyrinthe, welche die Japaner für den Sex eingerichtet haben und »Love Hotel« nennen? Allerdings verstehen diese vom Selbstmord mehr als wir.

Wenn Sie einmal die Gelegenheit haben sollten, ins Chantilly in Tokio zu gehen, dann werden Sie verstehen, was ich gemeint habe. Man ahnt dort, dass Orte ohne Geographie und Kalender möglich sind. Orte, die man betritt, um dort – inmitten der absurdesten Dekorationen mit namenlosen Partnern die Gelegenheit zum Sterben zu finden, frei von jeglicher Identität. Man würde dort eine unbestimmte Zeit verbringen, Sekunden, Wochen, vielleicht Monate, bis sich mit gebieterischer Evidenz die Gelegenheit bietet, von der man sogleich weiß, dass man sie nicht verpassen kann: sie hätte die formlose Form eines ganz harmlosen Vergnügens.

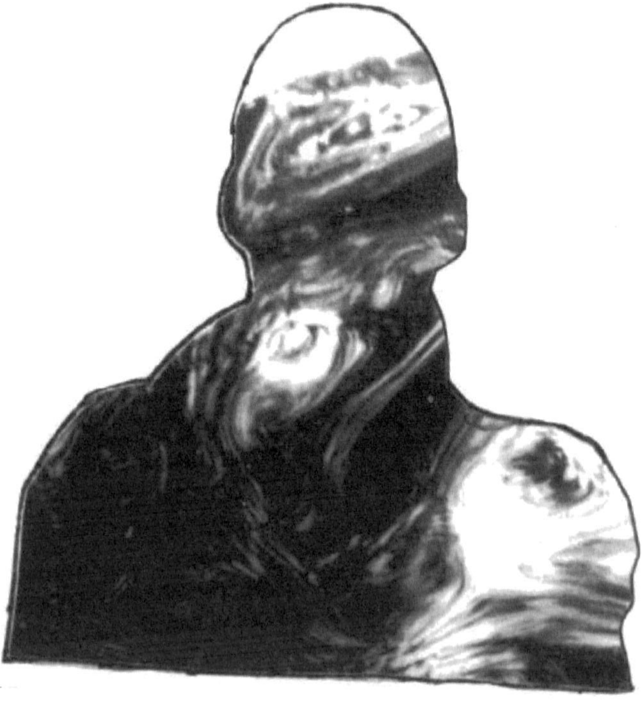

Sade, ein Sergeant des Sex

Interview mit Gérard Dupont (»cinématographe«)

Fällt Ihnen, wenn Sie ins Kino gehen, der Sadismus mancher Filme auf, die in einem Krankenhaus oder wie beim letzten Pasolini (»Salò«) in einem Pseudo-Gefängnis spielen?

Mir fiel auf, dass – zumindest bis in die jüngste Zeit Sadismus fehlte und Sade fehlte. Das ist übrigens nicht gleichbedeutend. Es kann Sade ohne Sadismus und Sadismus ohne Sade geben. Doch lassen wir das heikle Problem des Sadismus beiseite und bleiben wir bei Sade. Ich glaube, nichts verhielt sich wohl spröder zum Film als das Werk von Sade. Unter anderem aus folgendem Grund: die peinliche Genauigkeit, das Ritual und die streng zeremonielle Form, die alle Szenen bei Sade annehmen, schließen alles aus, was der Einsatz der Kamera noch hinzufügen könnte. Der geringste Zusatz, die geringste Auslassung oder die kleinste Ausschmückung sind unerträglich. Hier geht es nicht um freie Phantasie, sondern um eine sorgfältig geplante Regelung. Sobald etwas fehlt oder noch obendrein hinzukommt, ist alles verpfuscht. Nicht für ein einziges Bild ist noch Platz. Die Leerstellen dürfen nur vom Begehren und von den Körpern ausgefüllt werden.

Im ersten Teil von *El Topo* von Jodorowsky gibt es eine blutrünstige Orgie, eine ziemlich aufschlussreiche Zerstückelung von Körpern. Liegt der Sadismus im Film nicht zunächst in der Art und Weise, wie mit den Schauspielern und ihren Körpern umgegangen wird? Werden nicht vor allem die Frauen im Film als Anhängsel eines männlichen Körpers (schlecht) behandelt?

Die Art, wie man heute im Film mit dem Körper umgeht, ist etwas sehr Neues. Sie brauchen sich nur die Küsse, die Gesichter, die Lippen, die Wangen, die Wimpern und die Zähne in einem Film wie bei Werner Schroeters *Der Tod der Maria Malibran* anzugucken. Das Sadismus zu nennen, erscheint mir völlig verfehlt, es sei denn auf dem Umweg über eine schwammige Psychoanalyse, in der es ums Partialobjekt, um den zerstückelten Körper und die ›vagina dentata‹ geht. Man muss schon auf einen sehr heruntergekommenen Freudianismus zurückgreifen, um diese Art, die Körper und ihre Wunder singen zu lassen, auf Sadismus zu reduzieren. Aus einem Gesicht, einem Backenknochen, aus Lippen oder dem Ausdruck der Augen das zu machen, was Schroeter daraus macht, das hat nichts mit Sadismus zu tun. Es handelt sich um ein Vervielfältigen und Knospentreiben des Körpers, um eine gewissermaßen autonome Steigerung seiner kleinsten Partien, der geringsten Möglichkeiten eines seiner Bruchstücke. Dabei vollzieht sich eine Anarchisierung des Körpers, in der die Hierarchien, die Verortungen und Benennungen, das Organische, wenn Sie so wollen, in Auflösung begriffen sind. Beim Sadismus hingegen wird gerade das Organ als solches zum Objekt, an dem hartnäckig festgehalten wird. Du hast ein Auge, das blickt, ich reiße es dir aus. Du hast eine Zunge, die ich zwischen meine Lippen genommen und gebissen habe, ich werde sie dir abschneiden. Mit diesen Augen wirst du nicht mehr sehen können, und mit dieser Zunge wirst du weder essen noch sprechen können. Der Körper ist bei Sade noch stark organisch und in einer Hierarchie verankert, mit dem Unterschied allerdings, dass die Hierarchie nicht wie im alten Märchen vom Kopf, sondern vom Sex aus organisiert wird.

In bestimmten zeitgenössischen Filmen ist die Weise, wie man den Körper sich selbst entgleiten lässt, hingegen ganz anderer Art. Dabei soll das Organische gerade beseitigt werden. Aus dem Mund kommt nicht mehr eine Zunge heraus, sondern etwas ganz anderes als eine Zunge; der Mund ist nicht mehr ein profaniertes Organ, das für die Lust eines anderen da ist. Es ist etwas »Unbenennbares« und »Unbenutzbares«, außerhalb aller Wege des Begehrens. Es ist ein durch die Lust völlig plastisch gewordener Körper, etwas, das sich öffnet und spannt, das zuckt, schlägt und klafft. Auf welche Art küssen sich die beiden Frauen in *Der Tod der Maria Malibran*, was geschieht da? Sanddünen, eine Karawane in der Wüste, eine fleischfressende Pflanze, die vordringt, Kinnladen eines Insekts, eine Mulde im Gras. All das ist Antisadismus. Die grausame Wissenschaft des Begehrens kann mit jenen unförmigen Pseudopodien nichts anfangen, welche jenen unförmigen Pseudopodien wie Schmerz/Lust gleichen.

Haben Sie in New York die Filme gesehen, die »snuff movies« genannt werden (im amerikanischen Slang, to snuff: töten), wo eine Frau zerstückelt wird?

Nein, aber es scheint so, glaube ich, als ob die Frau wirklich bei lebendigem Leibe zerstückelt wird.

Das geschieht rein visuell, ganz ohne Sprache. Ein kaltes Medium im Unterschied zum Film als heißem Medium. Nicht mehr Literatur zum Sujet des Körpers: nur noch ein Körper, der gerade stirbt.

Das ist nicht mehr Film. Das gehört zu den erotischen Privatzirkeln, die nur noch das Begehren aufheizen sollen. Es handelt sich nur noch darum, »turned on« / angeturnt zu sein, wie die Amerikaner sagen, mit jener gewissen Geilheit, die allein aus Bildern entsteht, die jedoch nicht geringer als die aus der Wirklichkeit herrührende – nur anders.

Ist die Kamera nicht die Maitresse, die den Körper des Filmschauspielers wie ein Opfer behandelt? Dabei denke ich daran, wie Marilyn Monroe in *Some like it hot* sich wiederholt Tony Curtis zu Füßen wirft. Sicher hat das die Schauspielerin als sadistische Sequenz erlebt.

Die Beziehung zwischen Filmschauspieler und Kamera, von der Sie in Bezug auf diesen Film sprechen, erscheint mir noch sehr traditionell. Man findet sie (auch) auf dem Theater: der Schauspieler nimmt das Opfer des Helden auf sich und vollzieht es bis in seinen eigenen Körper hinein. Was mir bei den Filmen, von denen ich gesprochen habe, hingegen neu erscheint, ist jene Entdeckung und Erforschung des Körpers, die mit der Kamera unternommen wird. Ich stelle mir vor, dass die Aufnahmen bei diesen Filmen sehr intensiv sein müssen. Es geht um eine berechnete *und* zufällige Begegnung der Körper mit der Kamera, die etwas entdeckt, die einen Winkel, ein Volumen oder eine Krümmung aufgehen lässt, die einer Spur oder Linie, vielleicht einer Falte folgt. Und dann des-organisiert sich der Körper plötzlich und wird zur Landschaft, zur Karawane, zu Sturm, Berg, Sand etc. Das ist das Gegenteil des Sadismus, der die Einheiten zerstückelt. Bei Schroeter zerschneidet die Kamera den Körper nicht in Stücke fürs Begehren, sondern lässt ihn wie einen Teig aufgehen und daraus Bilder entstehen, die Bilder der Lust und Bilder für die Lust sind. Am stets unvorhersehbaren Treffpunkt der Kamera (und ihrer Lust) mit dem Körper (und dem Pulsieren *seiner* Lust) entstehen jene Bilder, Lusterlebnisse mit vielen Zugängen.

Der Sadismus gehorchte der Anatomie, und wenn er wütete, so geschah dies innerhalb eines höchst vernünftigen Anatomie-Handbuchs. Bei Sade gibt es keinen Wahnsinn der Organe. Sade, diesen peinlich genauen Anatomen, in genauen Bildern noch einmal umschreiben zu wollen, das geht nicht. Entweder verschwindet dann Sade oder man macht Papas Kino.

Papas Kino im eigentlichen Sinne, denn im Zuge der Retro-Welle neigt man neuerdings dazu, Faschismus und Sadismus zusammenzubringen. So etwa Liliana Cavoni in *Nachtportier* und Pasolini in *Salò*. Diese Darstellungen haben aber nichts mit der Geschichte zu tun. Man staffiert die Körper mit alten Kostümen aus, welche die Epoche darstellen sollen. So möchte man uns glauben machen, dass die Helfershelfer von Himmler dem Grafen, dem Bischof und Seiner Exzellenz bei Sade entsprechen.

Das ist ein gewaltiger Irrtum über die Geschichte. Der Nazismus wurde im 20. Jahrhundert nicht von den großen Verrückten des Eros erfunden, sondern von den Kleinbürgern, den übelsten, biedersten und ekelhaftesten, die man sich vorstellen kann. Himmler war eine Art Landwirt, der eine Krankenschwester geheiratet hatte. Man muss begreifen, dass die Konzentrationslager der gemeinsamen Phantasie einer Krankenschwester und eines Hühnerzüchters entsprossen sind. Krankenhaus plus Hühnerstall: da haben wir das Phantasma, das hinter den Konzentrationslagern steckt. Man hat dort Millionen Menschen getötet, ich sage dies also nicht, um die Vorwürfe zu entkräften, die es diesem Unternehmen zu machen gilt, sondern gerade um es von allen erotischen Werten zu entzaubern, die man ihm zuschreiben wollte.

Die Nazis waren Hausfrauen im schlechten Sinne des Wortes. Sie werkelten mit Lappen und Besen herum und wollten die Gesellschaft von allem säubern, was sie als Jauche, Staub und Schmutz ansahen: Lustmolche, Homosexuelle, Juden, unreines Blut, Schwarze und Verrückte. Dem Nazi-Traum lag gerade dieser vergiftete Kleinbürgertraum von rassischer Sauberkeit zugrunde. Keine Spur von Eros. Ist das erst einmal klar, so ist durchaus möglich, dass es innerhalb dieser Struktur auf lokaler Ebene sozusagen erotische Beziehungen gegeben hat, die im Zusammenprall die Leiber von Opfer und Henker aneinanderknüpften. Doch das geschah zufällig.

Das Problem liegt vielmehr darin zu begreifen, warum wir uns heute Zugang zu gewissen erotischen Phantasmen über den Nazismus verschaffen wollen. Warum diese Stiefel, diese Schirmmützen und Adler, von denen man sich oft beeindrucken lässt, zumal in den Vereinigten Staaten? Ist es nicht unsere Unfähigkeit, jene *Verzückung*, den desorganisierten Körper wirklich zu leben, die uns auf einen kleinlichen und disziplinierten Sadismus der Anatomie zurückfallen lässt? Sollte unser Vokabular, das wir haben, um jene große Lust eines explodierenden Körpers zu umschreiben, denn einzig in der traurigen Fabel einer politischen Apokalypse jüngeren Datums bestehen? Können wir die Intensität der Gegenwart nur als Ende der Welt in einem Konzentrationslager denken? Wie arm ist doch unser Bildervorrat! Und wie dringlich ist es, einen neuen anzulegen, anstatt von »Entfremdung« zu greinen und das »Spektakel« zu verunglimpfen.

Sade wird von den Regisseuren ein wenig als Kammerzofe, als Nachtportier oder als Fensterputzer angesehen. Am Ende von Pasolinis Film dreht es sich darum, die Quälereien durch eine Fensterscheibe zu sehen. Der Fensterputzer sieht durch die Scheibe, was sich in einem entfernten mittelalterlichen Hof abspielt.

Wissen Sie, von mir aus muss Sade nicht unbedingt heiliggesprochen werden. Nach alldem könnte ich durchaus sagen, dass Sade die Erotik formuliert hat, die zu einer Disziplinar-Gesellschaft gehört, zu einer reglementierten und hierarchisierten Gesellschaft der Anatomie – mit ihrer sorgfältig eingeteilten Zeit und ihren in Planquadrate aufgeteilten Räumen, mit ihrem Gehorsam und ihrer Überwachung.

Davon gilt es wegzukommen, auch von der Erotik Sades. Mit dem Körper und seinen Elementen, mit seinen Oberflächen, Volumen und Verdichtungen muss man eine nicht-disziplinierte Erotik erfinden, eine Erotik des Körpers im fliegenden und verschwimmenden Zustand, mit seinen zufälligen Begegnungen und seinen unberechenbaren Lüsten. Mich langweilt nämlich gerade, dass jene neueren Filme eine Auswahl bestimmter Elemente benutzen, um über das Nazi-Thema eine disziplinierte Erotik wiederzubeleben. Vielleicht war dies die Erotik Sades. Umso schlimmer also für die literarische Heiligsprechung Sades, umso schlimmer für Sade: er langweilt uns, es ist ein Mensch der Disziplin, ein Sergeant des Sex, ein Rechnungsbeamter der Ärsche und ihrer Entsprechungen.

Sex als Moral

Gespräch mit Hubert Dreyfus und Paul Rabinow

Der erste Band Ihrer Arbeit zur *Geschichte der Sexualität** erschien 1976. Denken Sie immer noch, dass ein Verständnis der Sexualität wesentlich ist, um zu begreifen, wer wir sind?

Ich muss gestehen, dass ich mich viel mehr für Probleme interessiere, welche die Techniken des Selbst berühren, als für den Sex... Sex ist langweilig.

Offenbar haben sich auch die Griechen kaum dafür interessiert.

Stimmt. Das war für sie keine wichtige Frage. Verglichen z. B. mit der Rolle, die sie der Ernährung und der Diät beimaßen. Es ist außerordentlich aufschlussreich, die Bewegung zu beobachten, die sich sehr langsam von der Privilegierung der Ernährungsfragen – in Griechenland eine allgegenwärtige Sorge – hin zum Interesse für die Sexualität vollzieht. Auch im frühen Christentum war die Ernährung noch wichtiger als der Sex. In den Klosterregeln z. B. war die Ernährung *das* Problem. Während des Mittelalters ist dann eine leichte Verschiebung wahrzunehmen. Danach, im 17. Jahrhundert, geht's um die Sexualität.

Der zweite Band der *Geschichte der Sexualität*, *L'usage des plaisirs***, handelt fast ausschließlich vom Sex.

---

* *Der Wille zum Wissen*, Frankfurt/Main 1977.

** Gallimard, Paris 1984.

In diesem zweiten Band wollte ich zeigen, wie im 4. Jahrhundert v. Chr. sich fast der gleiche Kodex von Regeln und Verboten findet wie bei den Moralisten und Ärzten zu Beginn des Römischen Reichs. Aber die Art und Weise, wie diese Verbote von den Römern ins Selbst integriert wurden, ist vollkommen verschieden. Der Grund dafür liegt wohl darin, dass das Hauptziel jener Art von Ethik ein ästhetisches war. Erstens war diese Art von Ethik allein ein Problem der persönlichen Entscheidung. Zweitens war sie einem kleinen Teil der Bevölkerung vorbehalten; es ging nicht darum, ein Verhaltensmodell für jedermann vorzuschreiben. Schließlich gehorchte diese Entscheidung dem Willen, ein schönes Leben zu führen und den anderen die Erinnerung eines ehrenhaften Lebens zu hinterlassen. So lässt sich wohl nicht behaupten, dass eine solche Ethik ein Versuch zur Normalisierung der Bevölkerung war.

Als ich Seneca, Plutarch und all jene Autoren las, schien es mir zahlreiche Probleme zu geben, die das Selbst, die Ethik des Selbst und die Technologien des Selbst betrafen – so kam mir der Gedanke, ein Buch zu schreiben, das aus einer Reihe von Einzelstudien zu diesem oder jenem Aspekt der alten heidnischen Technologien des Selbst zusammengesetzt ist.

Wie heißt der Titel?

»Selbsterfahrung«. Diese Arbeit, die von der Reihe über die Sexualität getrennt ist, setzt sich zusammen aus verschiedenen Schriften über das Selbst, über die Rolle des Lesens und Schreibens bei seiner Konstitution, über das Problem der ärztlichen Erfahrung des Selbst etc.

Mir fällt auf, dass sich in der griechischen Ethik die Leute mehr um ihre moralische Lebensführung, ihre Ethik und ihr Verhältnis zu sich und zum anderen sorgen als um religiöse Probleme. Was wird aus – uns nach dem Tod? Was sind die Götter? Greifen sie ins Leben ein oder nicht? Diese Fragen waren kaum wichtig, denn sie waren nicht unmittelbar an die Ethik gebunden, und diese war nicht an ein Gesetzessystem zurückgebunden. Z. B. waren die Gesetze gegen sexuelles Fehlverhalten weder zahlreich noch zwingend. Was die Griechen interessierte, was ihr Thema war, das war die Konstitution einer Ethik als eine Ästhetik der Existenz.

Nun frage ich mich also, ob unser heutiges Problem gewissermaßen nicht ähnlich ist, angenommen dass die meisten von uns nicht mehr glauben, dass die Ethik auf die Religion gegründet ist, und dass wir kein Gesetzessystem wollen, das in unser Privatleben, in unser moralisches und persönliches Leben eingreift. Die neueren Befreiungsbewegungen leiden darunter, dass es ihnen nicht gelingt, ein Prinzip zu finden, auf das sie die Ausarbeitung einer neuen Ethik gründen könnten. Sie brauchen eine Ethik, doch sie finden nichts anderes als eine Ethik, die auf einer vorgeblich wissenschaftlichen Kenntnis des Ich, des Begehrens und des Unbewussten basiert. Die Ähnlichkeit der Probleme erstaunt mich.

Denken Sie denn, dass die Griechen eine attraktive und plausible Alternative anbieten?

Nein! Ich suche keine Ersatzlösung; man kann ein Problem nicht lösen, indem man die Lösung anderer Leute aus anderen Zeiten übernimmt. Sehen Sie, ich will keine Geschichte der Lösungen schreiben, und deshalb akzeptiere ich auch nicht den Ausdruck »alternativ«; ich möchte die Genealogie der Probleme, der Problematiken schreiben. Ich stelle mir nicht vor, dass alles schlecht ist, sondern dass es überall Gefahren gibt, was nicht dasselbe ist. Wenn alles gefährlich ist, dann haben wir stets etwas zu tun. Meine Position führt also nicht zur Apathie, sondern zu einem Aktivismus, der den Pessimismus nicht ausschließt.

Ich denke, dass die ethisch-politische Entscheidung, die wir täglich zu fällen haben, im Bestimmen dessen besteht, worin die Hauptgefahr liegt. Nehmen Sie z. B. die Analyse, die Robert Castel über die Geschichte der Antipsychiatrie-Bewegung durchgeführt hat. Seine Analyse führt nicht dazu, in allem, was aus der Antipsychiatrie stammt, einen unbedingten Wert zu setzen, aber man kann auch nicht wie gewisse Leute daraus schließen, dass die Irrenanstalten der Antipsychiatrie vorzuziehen wären; aber das heißt nicht, dass wir die psychiatrischen Anstalten nicht zu Recht kritisierten.

Das Leben der Griechen war vielleicht nicht vollkommen, dennoch schien es eine verführerische Alternative zur ewigen Selbstanalyse des Christentums anzubieten.

Die griechische Ethik war an eine reine Männergesellschaft gebunden, in der die Sklaven ihren Platz hatten, eine Gesellschaft, in der Frauen ziemlich minderwertige Wesen waren, deren Sexualleben, sobald sie verheiratet waren, sich auf ihre Stellung als Ehefrau auszurichten hatte.

Die Frauen wurden also beherrscht, doch die homosexuelle Liebe ließ sich gewiss besser leben als heutzutage.

So mag es scheinen. Weil es in der griechischen Kultur eine umfangreiche und wichtige Literatur über die Knabenliebe gibt, ist für die Historiker damit natürlich bewiesen, dass diese Liebe praktiziert wurde. Zugleich beweist das aber, dass diese Liebe Probleme aufwarf. Hätte es freilich keine Probleme gegeben, dann hätten die Griechen über diese Art von Liebe in den nämlichen Ausdrücken gesprochen, die sie auch für die heterosexuelle Liebe benutzten. Das Problem war, dass sie nicht zugeben konnten, dass ein Knabe, der einmal ein freier Bürger werden sollte, als Lustobjekt eines anderen beherrscht und benutzt wurde. Eine Frau oder ein Sklave durften passiv sein: es lag in ihrer Stellung und Natur. All die philosophischen Reflexionen über die Knabenliebe beweisen deutlich, dass die Griechen diese reale Praktik in den Rahmen ihres sozialen Selbst nicht integrieren konnten.

Sie konnten sich nicht einmal die wechselseitige Lust zwischen einem Knaben und einem Mann vorstellen. Für Plutarch z. B. ist das Lieben von Epheben nicht etwa insofern problematisch, als es gegen die Natur wäre. Sondern er schreibt: »Die körperlichen Beziehungen zwischen einem Mann und einem Knaben können unmöglich auf Gegenseitigkeit beruhen.«

Aristoteles führt einen Aspekt der griechischen Kultur an, den Sie nicht erwähnen, der aber wichtig zu sein scheint: die Freundschaft. In der klassischen Literatur ist die Freundschaft der Ort gegenseitiger Anerkennung. Es war nicht üblich, in ihr die höchste Tugend zu sehen, aber aus der Lektüre von Aristoteles und Cicero gewinnen wir doch den Eindruck, dass sie tatsächlich die höchste Tugend ist, denn sie ist interesselos und beständig, sie lässt sich nicht leicht erkaufen, sie verleugnet nicht die Zwecke und Freuden der Welt und sucht doch nach etwas anderem.

L'usage des plaisirs behandelt die Sexualethik; es ist kein Buch über Liebe, Freundschaft oder Gegenseitigkeit. Und aufschlussreich ist, dass Platon, als er die Knabenliebe in die Freundschaft zu integrieren versucht, die sexuellen Beziehungen letztendlich beiseitelässt. Freundschaft beruht auf Gegenseitigkeit, was auf sexuelle Beziehungen nicht zutrifft: in den sexuellen Beziehungen ist man aktiv oder passiv, man penetriert oder wird penetriert. Ich bin völlig einverstanden, mit dem, was Sie zur Freundschaft sagen, aber ich glaube, dass dadurch nur das bestätigt wird, was wir von der griechischen Sexualethik sagten: wo eine Freundschaft besteht, ist es schwierig, sexuelle Beziehungen zu haben. Ein Grund, weshalb die Griechen eine philosophische Ausarbeitung brauchten, um diese Art von Liebe zu rechtfertigen, liegt darin, dass sie die körperliche Gegenseitigkeit nicht akzeptieren konnten. Im *Gastmahl* erzählt uns Xenophon von Sokrates, der sagt, dass in den Beziehungen zwischen einem Mann und einem Knaben der Knabe natürlich nur der Zuschauer des Mannes sein kann. Und zudem wäre es entehrend für den Knaben, wenn er irgendeine Lust in seiner Beziehung zum Mann verspüren würde.

Ich will nun folgendes fragen: sind wir fähig zu einer Ethik der (Sexual-)akte und ihrer Lustempfindungen, welche die Lust des anderen berücksichtigen könnte? Ist die Lust des anderen etwas, das in unser eigenes Lustempfinden integriert werden kann, ohne sich dabei aufs Gesetz, auf die Ehe oder irgendeine andere Verpflichtung beziehen zu müssen?

Offenbar stellte also das Fehlen der Gegenseitigkeit für die Griechen ein Problem dar; man hat jedoch den Eindruck, dass dieses Problem gelöst werden konnte. Warum sollte die sexuelle Lust etwas Männliches sein? Warum sollte nicht auch die Lust der Frauen und der Epheben in Betracht gezogen werden können, ohne dass daraus gleich eine große Umwälzung des Systems erfolgte? Heißt das, dass es sich um mehr als ein bloß untergeordnetes Problem handelte, und dass der Versuch, die Lust des anderen einzuführen, das ganze ethische Hierarchiesystem hätte zusammenbrechen lassen?

Genau, die griechische Ethik der Lust ist an eine männliche Gesellschaft gebunden, an die Asymmetrie und die Ausschließung des anderen, an den Zwang zur Penetration und die Befürchtung, der eigenen Kräfte beraubt zu werden etc.

O.k., nehmen wir an, die sexuellen Beziehungen waren für die Griechen ein nicht-gegenseitiges Verhältnis und zugleich ein Grund zur Besorgnis. Doch zumindest stellte die Lust selber für sie kein Problem dar.

In *L'usage des plaisirs* habe ich z. B. zu zeigen versucht, dass es eine wachsende Spannung zwischen der Lust und der Gesundheit gab. Folgt man den Ärzten und dem ganzen Interesse, das sie den Fragen der Diät entgegenbrachten, dann stellt sich heraus, dass die Hauptthemen sich über Jahrhunderte ziemlich gleichblieben. Aber die Vorstellung, dass der Sex auch seine Gefahren birgt, kommt im 2. Jahrhundert n. Chr. viel stärker zum Ausdruck als im 4. oder 5. Jahrhundert v. Chr. Ich glaube man kann zeigen, wie der Geschlechtsakt für Hippokrates im 5. Jahrhundert v. Chr. schon etwas Gefährliches ist, so dass man beim Verkehr die Zeitpunkte, die Jahreszeiten, die Umstände etc. zu beachten hatte. Im 1. und 2. Jahrhundert n. Chr. scheinen jedoch die Ärzte den Sexualakt viel näher beim *Pathos* zu situieren. So liegt die Hauptverschiebung hier wohl darin, dass im 4. Jahrhundert v. Chr. der

Sexualakt etwas Aktives war, während er für die Christen etwas Passives und die Bestrafung der Erbsünde darstellte.

Die Griechen kümmerten sich also mehr um die Gesundheit als um die Lust?

Ja, es gibt unzählige Seiten, auf denen dargelegt wird, was die Griechen essen sollten, um bei guter Gesundheit zu bleiben. Verglichen damit haben sie relativ wenig dazu geschrieben, was zu tun ist, wenn man sexuelle Beziehungen hat. Was die Ernährung angeht, so beschäftigten sie sich mit den Beziehungen zwischen Klima, Jahreszeit, Feuchtigkeit oder Trockenheit der Nahrung etc.

Ungeachtet dessen was die deutschen »Hellenisten« darüber gedacht haben mögen, war also die klassische Antike kein Goldenes Zeitalter. Dennoch können wir gewiss etwas davon lernen.

Ich denke nicht, dass eine Periode für uns von exemplarischem Wert sein kann, die nicht die unsrige ist. Das Rad der Zeit lässt sich nicht zurückdrehen. Aber sicherlich liegt hier das Beispiel einer ethischen Erfahrung vor, die eine starke Bindung zwischen der Lust und dem Begehren voraussetzt. Vergleichen wir das mit unserer heutigen Erfahrung, wo jeder – ob Philosoph oder Analytiker – erklärt, es komme v. a. und wesentlich aufs Begehren an, dann muss man sich fragen, ob dieses Auseinanderreißen nicht ein historisches Ereignis darstellte, das nicht an die menschliche Natur gebunden war.

Diesen Punkt haben Sie allerdings schon in *Die Geschichte der Sexualität*, (*Der Wille zum Wissen*) ausführlich dargelegt, indem Sie unserer Sexualwissenschaft die *ars erotica* der Orientalen entgegensetzten.

Einer der vielen Punkte, über die ich mich in diesem Buch im Irrtum befand, liegt in dem, was ich zur *ars erotica* geschrieben habe. Weder die Griechen noch die Römer besaßen eine *ars erotica*, die mit der chinesischen *ars erotica* verglichen werden kann. Sie hatten eine *téchne tou biou*, in der die Lustökonomie eine ziemlich wichtige Rolle spielte. In jener »Lebenskunst« werden die Kenntnisse, mit denen der Mann eine vollkommene Selbstbeherrschung erwerben soll, bald zur Grundfrage. Und die christliche Hermeneutik des Selbst begründete dann eine neue Ausarbeitung dieser *téchne*.

Was können wir nach dem, was Sie über die fehlende Gegenseitigkeit und den Penetrationszwang gesagt haben, nun aus jener dritten Möglichkeit zurückbehalten?

Beim Lesen von Sokrates oder Plinius z. B. wird deutlich, dass die Griechen und Römer sich kaum Fragen nach dem zukünftigen Leben gestellt haben, Fragen danach, was nach dem Tode geschieht, oder Fragen nach der Existenz Gottes. Das war für sie wirklich kein großes Problem. Das Problem war: welche *téchne* muss ich benutzen, um genauso gut zu leben, wie ich sollte? Und eine wichtige Entwicklung der antiken Kultur hatte sich vollzogen, als jene *téchne tou biou*, jene Lebenskunst, mehr und mehr zu einer *téchne* des Selbst geworden war. Ein griechischer Bürger des 5. oder 4. Jahrhunderts v. Chr. hatte sich dessen bewusst zu sein, dass jene *téchne* darin bestand, für die Stadt und seine Gefährten Sorge zu tragen. Für Seneca aber lag das Problem darin, sich um sich selbst zu sorgen.

Mit dem »Alkibiades« Platons wird klar, dass man für sich selbst Sorge zu tragen hat, denn man ist berufen, die Stadt zu regieren. Im eigentlichen Sinne beginnt die Sorge um sich selbst aber mit den Epikureern und wird mit Seneca, Plinius etc. verallgemeinert: ein jeder muss Sorge für sich tragen. Die griechische und griechisch-römische Ethik ist um das Problem der persönlichen Entscheidung zentriert, um eine Ästhetik der Existenz.

Die Vorstellung des *bios* als Stoff eines Kunstwerks erscheint mir sehr faszinierend. Ebenso fasziniert mich die Vorstellung, dass die Ethik der Existenz eine starke Struktur geben kann, ohne sich auf ein Rechtswesen, ein Autoritätssystem oder eine Disziplinstruktur beziehen zu müssen.

Wie behandelten die Griechen denn das abweichende Verhalten?

Für sie lag der große Unterschied in der Sexualethik nicht zwischen denen, die Frauen und denen, die Knaben vorzogen, oder die auf diese oder jene Art Liebe machten. Er war vielmehr eine Frage des Maßes, eine Frage von Aktivität und Passivität: Bist du Herr oder Sklave deiner Begierden?

Und wenn jemand dermaßen häufig verkehrte, dass seine Gesundheit darunter litt?

Das war dann *hybris*, Vermessenheit. Das Problem lag nicht im abweichenden Verhalten, sondern in Vermessenheit und Mäßigung.

Was machten die Griechen mit diesen Leuten?

Jene Männer hatten einen schlechten Ruf.

Man versuchte nicht, sie zu heilen und wieder auf den rechten Weg zu bringen?

Es gab bestimmte Übungen, mit denen die Selbstbeherrschung erworben werden sollte. Man musste ein schönes Mädchen oder einen schönen Knaben anschauen können, ohne es oder ihn zu begehren, so Epiktet. Dazu musste man völlig Herr seiner selbst werden.

In der griechischen Gesellschaft war die sexuelle Enthaltsamkeit eine Denkströmung, eine philosophische Bewegung, die von Gebildeten ausging, die ihr Leben sehr viel schöner und intensiver machen wollten. In gewissem Sinne ist etwas ähnliches im 20. Jahrhundert geschehen, als die Leute – um eines schöneren Lebens willen – versucht haben, sich von der ganzen Sexualunterdrückung der Gesellschaft und von der Unterdrückung in ihrer Kindheit zu befreien. Gide wäre in Griechenland ein Philosoph der Enthaltsamkeit gewesen.

Um eines schönen Lebens willen waren die Griechen enthaltsam, während wir heute unsere individuelle Vervollkommnung von der Wissenschaft der Psychologie erhoffen.

Eben. Zu den Kulturerfindungen der Menschheit gehört eine Schatzsammlung von Mitteln und Techniken, von Ideen und Verfahren etc., die genaugenommen nicht mehr angewandt werden können, die aber zumindest eine gewisse Sichtweise ausbilden oder helfen, sie auszubilden. Sie kann als Werkzeug dienen, um zu untersuchen, was heute passiert – und um es zu verändern.

Wir haben nicht die Wahl zwischen unserer und der griechischen Welt. Aber weil wir sehen, dass bestimmte wichtige Prinzipien unserer Ethik zu einem bestimmten Zeitpunkt mit einer Ästhetik der Existenz verknüpft waren, denke ich schon, dass eine solche Untersuchung fruchtbar sein kann. Jahrhundertelang waren wir davon überzeugt, dass die Beziehungen zwischen unserer Ethik, unserer persönlichen Ethik, unserem persönlichen Leben einerseits und den großen sozialen, politischen und ökonomischen Strukturen analysierbar seien. Wir glaubten z. B. in unserem Sexual- und Familienleben nichts ändern zu können, ohne zugleich auch unsere Wirtschaft, unsere Demokratie etc. umzuwälzen. Ich denke, dass wir uns von der Vorstellung freimachen müssen, dass eine notwendige oder analytischen Verbindung zwischen der Ethik und den sozialen, ökonomischen oder politischen Strukturen besteht. Damit ist natürlich nicht gemeint, dass dazwischen keinerlei Beziehungen bestehen. Aber diese Beziehungen sind veränderlich.

Welche Art von Ethik können wir heute aufbauen, wo wir wissen, dass es zwischen der Ethik und den anderen Strukturen gleichsam nur ein historisches Gerinnen gibt, aber keine notwendige Beziehung?

Vor allem fällt mir auf, dass Kunst in unserer Gesellschaft etwas geworden ist, was nur die Gegenstände, nicht aber die Individuen und das Leben betrifft. Dass Kunst etwas Besonderes ist, was allein von Spezialisten, nämlich den Künstlern gemacht wird. Doch warum sollte nicht jeder einzelne aus seinem Leben ein Kunstwerk machen können? Warum sollte diese Lampe oder dieses Haus ein Kunstgegenstand sein und mein Leben nicht?

Wenn sich der Mensch jedoch selbst erschaffen soll, ohne auf Kenntnisse oder Universalregeln zurückzugreifen, worin unterscheidet sich Ihre Sichtweise dann vom Existentialismus eines Sartre?

Theoretisch gesehen, scheint Sartre über den moralischen Begriff der Aufrichtigkeit auf die Vorstellung zurückzukommen, dass wir wir selbst sein müssen – *wirklich und wahrhaftig wir selbst sein müssen*. Die praktische Konsequenz aus dem von Sartre Gesagten wäre nun aber gerade, sein theoretisches Denken nicht mit einer authentischen, sondern mit einer kreativen Praxis wieder zu verknüpfen. Aus dem Gedanken, dass uns das Selbst nicht gegeben ist, kann m. E. nur eine praktische Konsequenz gezogen werden: wir müssen uns wie ein Kunstwerk begründen, herstellen und anordnen. Es ist interessant zu sehen, dass Sartre in seinen Analysen über Baudelaire und Flaubert die kreative Arbeit an eine bestimmte Beziehung zu sich selbst zurückbindet – an einen Selbstbezug des Autors entweder in Form der Authentizität oder der Nichtauthentizität. Ich frage mich, ob man nicht auch genau das Gegenteil behaupten könnte: anstatt die kreative Aktivität von jemandem auf die Art der Beziehung zurückzuführen, die er zu sich selbst unterhält, sollte man vielleicht die Art von Beziehung, die er zu sich selbst hat, als kreative Aktivität auffassen, die den Kern seiner ethischen Aktivität ausmacht.

Das erinnert an die Beobachtung Nietzsches in *Die fröhliche Wissenschaft*, wo er sagt, dass man das eigene Leben erschaffen muss, indem man ihm durch lange Übung und tägliche Kleinarbeit einen Stil aufprägt.

Ja, Nietzsche können wir uns sehr viel näher fühlen als Sartre.

Wie sind die beiden Bücher, die auf den ersten Band der Geschichte der Sexualität folgen, *L'usage des plaisirs* und *Les aveux de la chair*, in die Struktur Ihres Projekts einer Genealogie ein zuordnen?

Drei Gebiete von Genealogie sind möglich. Erstens, eine historische Ontologie unserer selbst in Bezug auf die Wahrheit, über die wir uns als Erkenntnissubjekte konstituieren. Zweitens, eine historische Ontologie unserer selbst in Bezug auf das Machtfeld, über das wir uns als Subjekte bestimmen, die auf andere einwirken. Drittens, eine historische Ontologie in Bezug auf die Ethik, über die wir uns als moralisch Handelnde konstituieren.

Es gibt also drei mögliche genealogische Achsen. In meinem Buch *Wahnsinn und Gesellschaft*[*] waren sie alle drei vorhanden, wenngleich ein wenig verschwommen. Die Achse der Wahrheit habe ich in *Die Geburt der Klinik. Eine Archäologie des ärztlichen Blicks*[**] und in *Die Ordnung des Diskurses*[***] untersucht, die Praktiken der Macht in *Überwachen und Strafen*[****] und die ethischen Beziehungen in *Geschichte der Sexualität*.

Der allgemeine Rahmen dieses Buches über die Sexualität ist eine Geschichte der Moral. Überhaupt denke ich, dass, sobald es sich um die Geschichte der Moral handelt, wir zwischen dem moralischen Handeln und dem Moralkodex unterscheiden müssen. Die Handlungen (die Art der Lebensführung) stellen das wirkliche Verhalten der Leute angesichts des Moralkodex (den Vorschrif-

[*] Frankfurt/Main 1971.

[**] München 1973.

[***] München 1974.

[****] Frankfurt/Main 1976.

ten) dar, der ihnen auferlegt ist. Ich denke, dass unterschieden werden muss zwischen dem Kodex, der festlegt, welche Handlungen erlaubt und welche verboten sind, und dem Kodex, der den positiven oder negativen Wert der verschiedenen möglichen Verhaltensweisen bestimmt – man hat nicht das Recht, mit jemandem anderen als mit seiner Frau geschlechtlich zu verkehren, das ist z. B. ein Element des Kodex. Und dann gibt es eine andere Seite der Moralvorschriften, die zwar meistens nicht als solche isoliert werden kann, aber m. E. sehr wichtig ist: die Art der Beziehung, die man zu sich selbst hat, der Selbstbezug, den ich Ethik nenne und der bestimmt, wie das Individuum sich als vermeintliches moralisches Subjekt der eigenen Handlungen konstituiert.

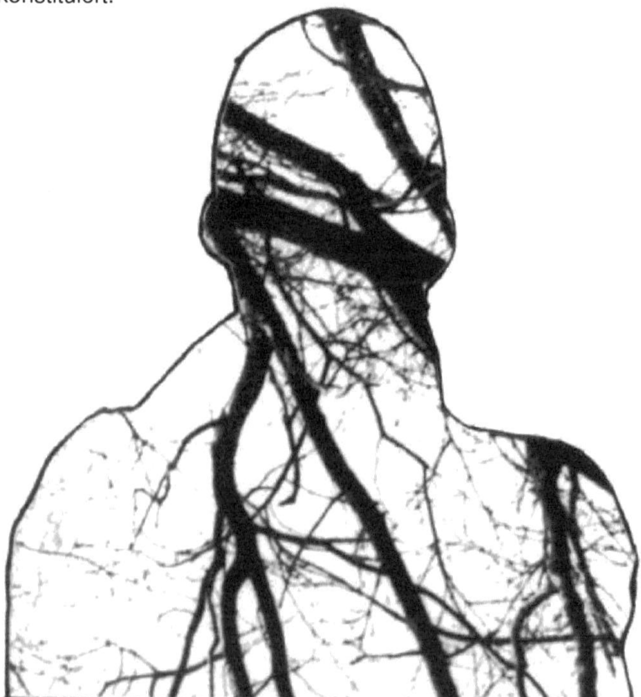

Von der Freundschaft als Lebensweise

Gespräch mit René de Ceccatty, Jean Danet und Jean Le Bitoux (»Gai Pied«)

Sie haben schon die 50 überschritten und lesen unsere Zeitung (*Gai Pied*), die es erst zwei Jahre lang gibt. Sind die Beiträge im *Gai Pied* für Sie alles in allem etwas Positives?

Dass es die Zeitung gibt, ist positiv und wichtig. Ich durfte allerdings von Ihrer Zeitung verlangen, dass ich mir als deren Leser nicht die Frage meines Alters zu stellen brauchte. Nun musste ich sie mir beim Lesen aber notgedrungen doch stellen. Und ich war nicht sehr zufrieden mit der Art und Weise, auf die ich dazu gebracht wurde. Ich hatte darin einfach keinen Platz.

Das Problem liegt dabei vielleicht an der Altersklasse derer, die an der Zeitung mitarbeiten und sie lesen: die meisten sind zwischen 25 und 30 Jahre alt.

Selbstverständlich, je mehr von jungen Leuten geschrieben wird, desto mehr betrifft es auch junge Leute. Das Problem ist jedoch nicht, einer Altersklasse neben einer anderen Platz zu schaffen, sondern herauszukriegen, was man gegen die weitgehende Gleichsetzung der Homosexualität mit der Liebe zwischen jungen Leuten machen kann.

Zudem muss man der Tendenz misstrauen, wonach die Frage der Homosexualität zurückführt auf die Frage: »Wer bin ich? Was ist das Geheimnis meines Begehrens?«. Vielleicht sollte man eher fragen: »Was für Beziehungen können über die Homosexualität aufgebaut, entworfen, erweitert und von Fall zu Fall verschieden gestaltet werden?« Es geht nicht so sehr darum, die Wahrheit seines Geschlechtslebens an sich aufzudecken, als darum, seine Sexualität nunmehr zum Aufbau vielfältiger Beziehungen zu nutzen. Und zweifellos liegt hier auch der wahre Grund dafür, weshalb Homosexualität keine Form des Begehrens, sondern etwas Begehrenswertes ist. Wir müssen also darauf hinarbeiten, homosexuell zu werden, und dürfen uns nicht hartnäckig darauf versteifen, dass wir es schon sind. Das Problem der Homosexualität entwickelt sich mehr und mehr zu einem Problem der Freundschaft.

Dachten Sie das schon mit 20, oder haben Sie es erst im Laufe der Jahre entdeckt?

Soweit ich zurückdenken kann, hieß für mich Lust auf Typen haben immer schon Lust auf Beziehungen mit Typen haben. Das war mir stets wichtig; und zwar nicht unbedingt in Form einer Zweierbeziehung, sondern als eine Frage der Existenz: wie ist es Männern möglich, zusammen zu sein und zusammen zu leben, ihre Zeit und ihre Mahlzeiten miteinander zu teilen, ihr Zimmer und ihre freie Zeit, ihren Kummer, ihr Wissen und ihr Vertrauen? Was bedeutet es denn, unter Männern zu sein, »entblößt« und außerhalb von allen institutionellen und familiären Bindungen, außerhalb der Beziehungen von Beruf und erzwungener Kameradschaft? Es ist ein Begehren und eine Unruhe, ein unheimliches Begehren, das viele verspüren.

Ließe sich behaupten, dass der Bezug zum Begehren und zur Lust, und die Beziehung, die man eingehen kann, vom Alter abhängig sind?

Ja, vollkommen. Die Altersunterschiede zwischen einem Mann und einer jüngeren Frau werden institutionell eingeebnet: man akzeptiert die jüngere Frau, akzeptiert sie in ihrer Funktion als Ehefrau. Welchen Code können hingegen Männer mit beträchtlichem Altersunterschied benutzen, um miteinander in Kontakt zu kommen? Sie stehen einander ohne Waffen oder passende Worte gegenüber, ohne etwas, das ihnen den Sinn der Bewegung, die sie einander zuträgt, bestätigen könnte. Sie müssen von A bis Z eine Beziehung erfinden, die noch formlos ist: die Freundschaft, d. h. die Summe all dessen, womit sie einander Freude bereiten können. Man gesteht es den anderen ja auch zu, Homosexualität allein als unmittelbares Lusterleben zweier Typen hinzustellen, zweier Typen, die sich auf der Straße begegnen, sich mit einem Blick verführen, sich am Hintern fassen und sich für ein Viertelstündchen vergessen. Damit hat man so etwas wie ein heiles Bild von der Homosexualität, das den Anschein von Unruhe aus zweierlei Gründen verliert: es entspricht einem gängigen Schönheitskanon und tilgt alles, was an der Zuneigung und der Zärtlichkeit, der Treue und der Freundschaft, der Kameradschaft und der Partnerschaft beunruhigend sein könnte – an Werten, denen eine schon leicht angeschlagene Gesellschaft keinen Platz mehr zugestehen kann, ohne zu fürchten, dass daraus Bindungen entstehen und Kraftlinien sich unerwartet miteinander verknüpfen. Es geht eher um die homosexuelle Lebensweise als um den Geschlechtsakt selbst: gerade das, denke ich, macht die Homosexualität so »aufregend«. Die Leute stört nicht etwa, dass sie sich einen Geschlechtsakt vorstellen, der nicht dem Gesetz oder der Natur entspricht. Das Problem entsteht vielmehr erst, wenn jene Individuen sich zu lieben beginnen. Die Institution wird sozusagen von hinten aufgewickelt; sie wird von Gefühlsintensitäten durchquert, die sie aufrechterhalten, aber zugleich zerrütten: man braucht sich nur die Armee anzugucken – die Liebe zwischen Männern wird dort unaufhörlich beschworen *und* verhöhnt. Die institutionellen Codes können jene Beziehungen mit vielfältigen Intensitäten und wechselnden Schattierungen, mit kaum merklichen Bewegungen und veränderlichen Formen nicht gelten lassen – jene Beziehungen, die sich gleichsam kurzschließen und dort Liebe einführen, wo es Gesetz, Regel oder Gewohnheit geben sollte.

Vorhin haben Sie gesagt: »Anstatt verflossenen Freuden nachzuweinen, interessiert mich, was wir aus uns selber machen können.« Könnten Sie das genauer aus führen?

Askese als Lustverzicht erfreut sich keines guten Rufs. Doch Askese ist etwas anderes: es ist die Arbeit, die man an sich selbst leistet, um sich zu verwandeln oder jenes *Selbst* erscheinen zu lassen, das man glücklicherweise nie erreicht. Sollte heute nicht gerade hier unser Problem liegen? Die Askese wurde verabschiedet. Es liegt nun an uns, zu einer homosexuellen Askese zu gelangen, die uns an uns selbst arbeiten und eine Lebensart erfinden (ich sage nicht entdecken!) lässt, die noch unwahrscheinlich scheint.

Ist damit gemeint, dass ein homosexueller Junge gegenüber den homosexuellen Bildwelten sehr zurück haltend sein und an etwas anderem arbeiten sollte?

Offenbar müssen wir nicht so sehr daran arbeiten, unser Begehren zu befreien, als daran, selbst unendlich genussfähiger zu werden. Man muss von den beiden stereotypen Klischees der rein sexuellen Begegnung einerseits und der Identitätsverschmelzung in der Liebe andererseits wegkommen.

Kann man Anfänge zum Aufbau von starken Beziehungen nicht schon in den Vereinigten Staaten sehen, jedenfalls in den Städten, in denen das Problem der sexuellen Misere anscheinend geregelt ist?

Gewiss erscheint mir zumindest, dass – selbst wenn die sexuelle Misere im Grunde fortbesteht – in den Vereinigten Staaten das Interesse an Freundschaften stark zugenommen hat. Man fängt nicht einfach eine Beziehung anum damit zum Sex-Konsum gelangen zu können, was sehr einfach ist, sondern die Leute konzentrieren sich gerade auf Freundschaften. Wie kann man über sexuelle Praktiken zu einer Beziehungsform gelangen? Ist es möglich, eine homosexuelle Lebensweise zu entwickeln?

Der Begriff der Lebensweise erscheint mir wichtig. Sollte man nicht eine feinere Unterscheidung einführen, die nicht mehr nach sozialen Klassen, Berufsgruppen oder Kulturniveaus verfährt, sondern sich an einer Beziehungsform, d. h. an der »Lebensweise« orientiert? Eine Lebensweise kann von Individuen geteilt werden, die sich in Bezug auf Alter, Status und soziale Tätigkeit unterscheiden. Sie kann zu intensiven Beziehungen führen, die keiner institutionalisierten Beziehung gleichen. Und eine Lebensweise kann, glaube ich zu einer Kultur und einer Ethik führen. »Schwul« sein heißt nicht, sich mit den psychologischen Zügen und den auffälligen Masken des Homosexuellen zu identifizieren, sondern heißt, eine Lebensweise zu bestimmen und zu einwickeln versuchen.

Ist das nicht ein Mythos zu sagen: »Wir erleben vielleicht schon die Anfänge einer Sozialisation, die zwischen den Altern, Klassen oder Nationen liegt«?

Ja, ein genauso großer Mythos wie zu sagen: es wird keinen Unterschied zwischen Homo- und Heterosexualität mehr geben. Das ist wohl auch ein Grund, weshalb die Homosexualität heute Probleme aufwirft. Viele Bewegungen zur sexuellen Befreiung befördern folgende Vorstellung: »wenn ihr aus den furchtbaren Zwängen befreit sein werdet, die euch einengen, dann werdet ihr keinen Unterschied zwischen Männern und Frauen mehr machen«. Es bejahen, homosexuell zu sein, heißt nun aber ein Mann sein, der seinesgleichen liebt; und die Suche nach einer Lebensweise hierfür läuft jener Ideologie der sexuellen Befreiungsbewegung aus den 60er Jahren zuwider. Gerade in diesem Sinne haben die schnauzbärtigen »clones« eine Bedeutung. Auf ihre Art entgegnen sie: »fürchtet nichts, je mehr wir befreit sein werden, desto weniger werden wir Frauen lieben und in jener Polysexualität aufgehen, in der es keinen Unterschied zwischen den einen und den anderen mehr gibt«. Und dabei stellt man sich durchaus keine totale Verschmelzung in der Gemeinschaft vor.

Die Homosexualität bietet eine historische Gelegenheit, bestehende Möglichkeiten von Beziehungen und Gefühlen wieder zu erschließen, und dies nicht so sehr aufgrund der ›wahren‹ Eigenschaften des Homosexuellen als deswegen, weil dieser gewissermaßen »schräg« liegt und so Diagonalen ins soziale Gewebe einzuzeichnen vermag, die diese Möglichkeiten erscheinen lassen.

Hier könnten die Frauen nun folgendes einwenden: »Was gewinnen die Männer denn nun bei einer Beziehung untereinander im Vergleich zu den möglichen Beziehungen zwischen einem Mann und einer Frau oder zwischen zwei Frauen?«

In den USA ist gerade ein Buch über die Freundschaft zwischen Frauen erschienen.* Anhand von Zeugnissen über die Beziehungen der Zuneigung und der Leidenschaft unter Frauen bietet es sehr gutes Material. Im Vorwort schreibt die Autorin, dass sie zuerst homosexuelle Beziehungen aufspüren wollte und sich dann aber darüber klar geworden ist, dass zum einen solche Beziehungen oft gar nicht vorlagen und zum anderen auch uninteressant war, sich zu fragen, ob man dies oder jenes nun Homosexualität nennen könne oder nicht. Denn sobald man eine Beziehung, wie sie sich in Worten und Gesten ausdrückt, sich entfalten lässt, erscheinen andere und sehr wesentliche Verhältnisse: Liebschaften und Gefühlsbindungen, die sehr eng, wundervoll und heiter oder auch sehr traurig und verfinstert sind. Zudem zeigt das Buch, inwieweit der Körper der Frau eine wichtige Rolle gespielt hat, inwieweit es zwischen den weiblichen Körpern gleichsam Bündnisse gab: eine Frau frisiert eine andere, sie hilft ihr beim Schminken und Ankleiden. Frauen hatten ein Recht auf den Körper der anderen Frau: sich um die Taille fassen, sich umarmen. Der Körper des Mannes war dem Mann auf viel drastischere Weise verboten. Wenn es stimmt, dass das Leben unter Frauen toleriert wurde, so wurde das Leben unter Männern nur in bestimmten Perioden und seit dem 19. Jahrhundert nicht allein toleriert, sondern strengstens verfügt: nämlich während der Kriege und in den Gefangenenlagern. Da waren Soldaten und junge Offiziere, die Monate und Jahre zusammenverbrachten. Während

* Lillian Faderman, *Surpassing the love of men*, Ed. William Morrow, New York 1980.

des Ersten Weltkrieges lebten die Männer vollständig zusammen, fast aufeinander; und das bedeutete für sie schon etwas, insofern der Tod gegenwärtig war und die Bereitschaft, sich füreinander zu opfern und Dienste zu erweisen, durch ein Spiel um Leben und Tod sanktioniert war. Was weiß man denn, abgesehen von ein paar Floskeln über Kameradschaft und Glutbrüderschaft und von ein paar zersplitterten Zeugnissen, schon über jene Gefühlstornados und inneren Stürme, die es in manchen Augenblicken da vielleicht gegeben hat? Und man kann sich fragen, was die Leute diese absurden und grotesken Kriege, diese infernalischen Massaker trotz allem hat durchstehen lassen... ein Gewebe von Gefühlen zweifellos. Ich möchte nicht behaupten, dass sie deshalb weiterkämpften, weil sie ineinander verliebt waren. Doch Ehre, Mut, sein Gesicht nicht verlieren dürfen, sich opfern, mit und vor den Kameraden aus dem Schützengraben kommen – all das setzte ein Raster sehr intensiver Gefühle voraus. Es geht hier nicht darum zu sagen: »Aha, da haben wir also die Homosexualität«. Diese Art von Geschwätz ist mir zuwider. Bestimmt liegt hier aber eine, wenngleich nicht die einzige Voraussetzung, die jenes infernalische Leben ermöglichte, in dem die Typen wochenlang in Morast, Kadavern und Scheiße herumwateten, fast vor Hunger starben und am Morgen des Angriffs völlig weggetreten waren.

Schließlich möchte ich hinzufügen, dass etwas Durchdachtes und Gewolltes – etwa eine Veröffentlichung eine homosexuelle Kultur ermöglichen, d. h. Werkzeuge für vielgestaltige, variable und individuell ausgeprägte Beziehungen an die Hand geben sollte. Die Idee eines Programms mit Vorschlägen ist jedoch gefährlich. Sobald ein Programm vorliegt, wird es zum Gesetz, d. h.

es verbietet andere Entwürfe und Erfindungen. Es müsste einen Erfindungsgeist geben, der unserer Situation entspricht und jenem Verlangen nach dem, was die Amerikaner »coming out« nennen, d. h. danach aus sich herauszugehen. Das Programm muss leer sein. Man muss einen Hohlraum schaffen, zeigen, wie die Dinge historisch zufällig eingetreten sind, zwar aus diesem oder jenem verstehbaren Grund, aber nicht notwendig. Man muss das Verstehbare auf dem Hintergrund des Leeren erscheinen lassen, Notwendigkeiten verneinen und denken, dass das Vorhandene noch lange nicht alle möglichen Räume ausfüllt. Das hieße eine wirkliche unumgehbare Herausforderung aus der Frage machen: womit kann man spielen und wie ein Spiel erfinden?

Danke, Michel Foucault.

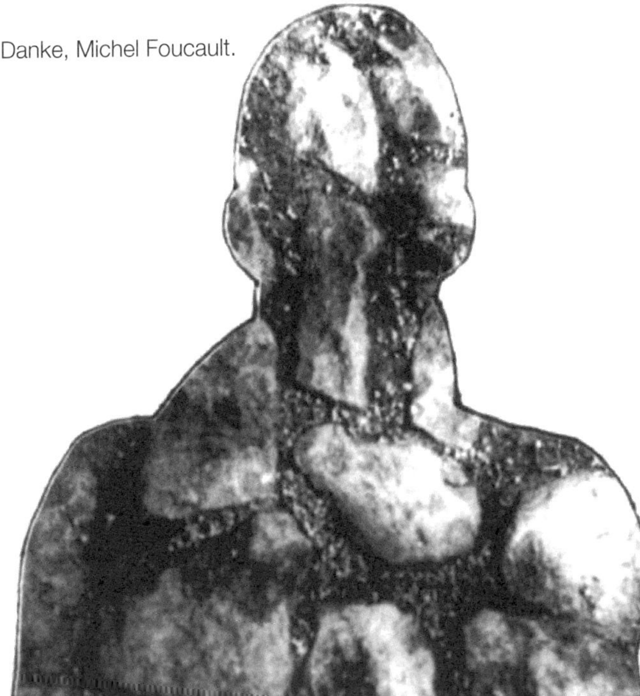

Geschichte und Homosexualität
Gespräch mit J. P. Joecker, M. Ouerd, A. Sanzio (»Masques«)

Das Buch von Kenneth J. Dover, *Homosexualität in der griechischen Antike**, wirft ein neues Licht auf die Homosexualität im alten Griechenland.

Am wichtigsten in diesem Buch scheint mir zu sein, wie Dover zeigt, dass unsere Abgrenzung zwischen Homo- und Heterosexualität des Sexualverhaltens auf die Griechen und Römer durchaus nicht zutrifft. Das bedeutet zweierlei: einerseits hatten sie keine Vorstellung, d. h. keinen *Begriff*, und andererseits keine Erfahrung davon. Jemand, der mit einem anderen des gleichen Geschlechts schlief, erwies sich dadurch noch nicht als homosexuell. Das erscheint mir grundlegend.

Wenn ein Mann mit einem Knaben verkehrte, so verlief die moralische Trennungslinie entlang folgender Fragen: ist dieser Mann aktiv oder passiv? Hat der Knabe, mit dem er verkehrt, schon einen Bart oder nicht (der Bartwuchs bestimmt eine Altersgrenze)? Die Verbindung dieser beiden Arten von Trennungen markierte ein sehr komplexes Profil von Moralität und Immoralität. Es ist also vollkommen unsinnig zu behaupten, dass die Homosexualität bei den Griechen geduldet war. Dover zeigt recht gut, wie komplex jenes stark kodierte Verhältnis zwischen Männern und Knaben war. Es handelte sich um Verhaltensweisen der Flucht und des Schutzes seitens des Knaben, der Verfolgung und des Werbens seitens der Männer. Es bestand also eine

---

* München 1983.

ganze Zivilisation der Päderastie, der Liebe zwischen Mann und Knabe, die wie stets, wenn eine solche Codierung vorliegt, mit sich brachte, dass gewisse Verhaltensweisen hoch und andere niedrig bewertet wurden. Eben das entnehme ich dem Buch von Dover; dadurch kann in der historischen Analyse mit einer ganzen Reihe von Vorstellungen aufgeräumt werden, die man sich zum Thema der berühmten sexuellen Verbote, ja zum Begriff des Verbots überhaupt machen kann. Ich glaube, es sollte um eine andere Auffassung der Dinge gehen, d. h. darum, die Geschichte einer Reihe verwandter Erfahrungen und verschiedener Lebensweisen zu schreiben, die Geschichte der verschiedenen Beziehungstypen zwischen Menschen gleichen Geschlechts, nach Zeit und Lebensaltern etc. ... Anders ausgedrückt, nicht die Verurteilung von Sodom sollte als historisches Modell dienen.

Ich möchte noch etwas hinzufügen, das sich bei Dover nicht findet und das mir im vorigen Jahr eingefallen ist. Es gibt einen ganzen theoretischen Diskurs über die Knabenliebe in Griechenland, von Platon bis Plutarch, Lukian etc. Und in dieser Reihe theoretischer Texte ist mir nun folgendes besonders aufgefallen: ein Grieche oder Römer konnte nur sehr schwer die Vorstellung akzeptieren, dass ein Knabe, der einmal – aufgrund seiner Stellung als freier Mann aus einer vornehmen Familie familiäre und gesellschaftliche Verpflichtungen übernehmen und über andere Macht ausüben sollte, als Senator in Rom, als Politiker und Redner in Griechenland, dass dieser Knabe in seinem Verhältnis zu einem Mann *passiv* gewesen sein soll – diese Vorstellung konnte er kaum akzeptieren. Das war so gut wie undenkbar im System der moralischen Werte, die allerdings auch nicht mit einem Verbot verglichen werden können. Wenn ein Mann einem Knaben hinterherlief, so war dagegen nichts zu sagen, und wenn dieser Knabe, zumal in Rom, ein Sklave war, so konnte das nur selbstverständlich sein. Dafür gab es ein Sprichwort: »sich ficken lassen ist für den Sklaven eine Notwendigkeit, für den freien Mann eine Schande und für den Freigelassenen ein erwiesener Dienst...« Hingegen galt es für einen jungen Mann als unmoralisch, sich ficken zu lassen, und gerade in diesem Zusammenhang wird das Gesetz begreifbar, das ehemaligen Prostituierten verbietet, politische Amter zu haben. Man nannte nicht den einen Prostituierten, der auf dem Strich ging, sondern den, der sich nacheinander und vor aller Augen von verschiedenen Personen hatte aushalten lassen. Dass er passiv und Lustobjekt gewesen war, ließ die Ausübung irgendeiner Autorität nicht zu. Eben darauf zielten die theoretischen Texte stets ab. In ihnen geht es darum, einen Diskurs aufzubauen, der beweisen soll, dass die einzig wahre Liebe sexuelle Beziehungen zu einem Knaben auszuschließen und an Gefühlsbeziehungen pädagogischer, fast väterlicher Art festzuhalten hat. Tatsächlich war das eine Art und Weise, eine Liebespraxis zwischen freiem Mann und freiem Knaben akzeptierbar zu machen und dabei zugleich zu verleugnen und umzuformen, was wirklich geschah. Das Vorhandensein dieser Diskurse darf also nicht als Zeichen von Toleranz im Handeln und Denken gegenüber der Homosexualität ausgelegt werden, sondern muss vielmehr als Zeichen einer Verlegenheit gelesen werden: man spricht gerade deshalb davon, weil es ein Problem darstellt, denn ein Prinzip muss man sich hinter die Ohren schreiben: wenn in einer Gesellschaft über etwas geredet wird, so heißt das nicht, dass es auch schon zugelassen wird. Wenn man über einen Diskurs berichtet, muss man nicht nach der Wirklichkeit fragen, die dieser Diskurs wiedergeben soll, sondern nach der Wirklichkeit des Problems, weshalb man glaubt, darüber reden zu müssen. Und man muss gerade deshalb über jene Verhältnisse zwischen Männern und Knaben reden (während man doch kaum von den Eheverhältnissen zu Frauen redete), weil diese Verhältnisse moralisch sehr viel schwerer zu akzeptieren waren.

Sie waren moralisch schwer zu akzeptieren, und gleichwohl gründete sich die ganze griechische Gesellschaft auf diese Verhältnisse der Päderastie oder der Pädagogik im weiteren Sinne. Ist das nicht irgendwie zweischneidig?

Ich habe freilich ein bisschen vereinfacht. Bei der Untersuchung der Phänomene muss man sich vor allem darüber klar werden, dass es so etwas wie eine monosexuelle Gesellschaft gegeben hat, denn es wurde säuberlich zwischen Männern und Frauen getrennt. Sicherlich gab es auch zwischen Frauen sehr enge Beziehungen, doch darüber weiß man kaum etwas, denn es sind praktisch keinerlei reflektierende theoretische Texte über Liebe und Sexualität im Altertum vorhanden, die von Frauen geschrieben worden sind (hierbei klammere ich die Texte einiger Pythagoräorinnen, Neo-Pythagoräerinnen zwischen dem 1. und 8. Jahrhundert v. Chr. und die Dichtung aus). Hingegen verfügt man über alle möglichen Zeugnisse, die auf eine monosexuelle Männergesellschaft schließen lassen.

Wie können Sie erklären, dass diese monosexuellen Verhältnisse letztendlich mit Rom, und zwar noch lange vor dem Christentum, verschwunden sind?

Allerdings kann das Verschwinden der monosexuellen Gesellschaften im großen Maßstab wohl erst im 18. Jahrhundert Europas festgestellt werden. In der römischen Gesellschaft spielte die Frau auf familiärer, sozialer und politischer Ebene eine wichtige Rolle. Das Auseinanderfallen der monosexuellen Gesellschaften wurde jedoch nicht so sehr durch die Dominanz der Frauenrolle bewirkt; eher war es das Einsetzen neuer politischer Strukturen, das verhinderte, dass Freundschaften auch weiterhin ihre bisherigen gesellschaftlichen und politischen Aufgaben erfüllten. Wenn Sie so wollen, hat die Entwicklung von Institutionen des politischen Lebens bewirkt, dass es Freundschaftsbeziehungen, wie sie in einer aristokratischen Gesellschaft möglich waren, nicht mehr gab. Doch das ist nur eine Hypothese...

Was Sie sagen, bringt mich zu einer Problemstellung, welche den Ursprung der Homosexualität berührt, d. h. den Punkt, an dem ich die Homosexualität der Männer und der Frauen trennen muss. Es konnte nämlich in Griechenland eine männliche Homosexualität nur geben, weil es eine streng hierarchische Gesellschaft war, in der die Frauen die unterste Stufe bildeten. Wenn die männliche Schwulengesellschaft des 20. Jahrhunderts nun dieses griechische Ideal übernimmt, so übernimmt sie damit anscheinend auch eine Misogynie, welche die Frauen von neuem ausstößt.

Freilich spielt hier der griechische Mythos ein wenig hinein, aber er spielt nur die Rolle, die man ihm abverlangt: man hat nicht ein solches Verhalten, weil man sich auf diesen Mythos bezieht, sondern weil man ein solches Verhalten hat, wird man sich auf ihn beziehen und ihn entsprechend ummodeln. Auffallend ist, dass in Amerika die Gesellschaft der Homosexuellen eine monosexuelle Gesellschaft ist, mit Lebensweisen, einer Organisation im beruflichen Bereich und mit einer gewissen Reihe von Freuden, die nicht sexueller Natur sind. Dass Sie dort Homosexuelle finden, die ein Gruppen- und Gemeinschaftsleben führen, die sich in einer fortwährenden Austauschbeziehung befinden, lässt durchaus auf eine Rückkehr zur Monosexualität schließen. Allerdings haben auch die Frauen in monosexuellen Gruppen gelebt, doch offenbar geschah dies in vielen Fällen gezwungenermaßen; es stellte eine oft neue und kreative Antwort auf die gesellschaftliche Stellung dar, die man den Frauen aufgedrängt hatte. Hier denke ich an das sehr interessante Buch einer Amerikanerin, *Surpassing the love of men**. Lillian Faderman untersucht darin Frauenfreundschaften vom 18. Jahrhundert bis in die erste Hälfte des 19. Jahrhunderts; sie geht dabei von folgendem aus: »Ich werde nie danach fragen, ob jene Frauen miteinander sexuelle Beziehungen hatten oder nicht. Ich werde lediglich zum einen das Netz der Freundschaften bzw. die Geschichte einer Freundschaft betrachten, werde sehen, wie sie sich abspielt und wie sie von den Freundinnen gelebt wird, welche Verhaltensformen sie mit sich bringt und wie die Frauen miteinander verbunden sind; zum anderen werde ich nach den damit verknüpften Erfahrungen fragen, nach der Art der affektiven Bindung und der Zuneigung.«

Da erscheint eine ganze Kultur weiblicher Monosexualität, eine Kultur des Lebens unter Frauen, die faszinierend ist.

Dennoch erscheint mir das, was sie hierzu in *Gai Pied*** gesagt haben und worüber Sie jetzt sprechen, in folgender Hinsicht problematisch: Untersucht man die monosexuellen Gruppierungen von Frauen, ohne dabei auch nach der Sexualität zu fragen, so stellt das doch offenbar nur die Fortsetzung einer Haltung dar, wel-

---

* Ed. William Morrow, New York 1980.

** In diesem Band.

che die Frauen in die Domäne des Gefühls verbannt hat, mit den ewigen Klischees von ihrer Kontaktfreudigkeit, ihrer freien Emotionalität, ihren Freundschaften etc.

Vielleicht werde ich Ihnen hier als zu nachsichtig erscheinen, aber ich denke, dass die Phänomene, die man untersuchen will, dermaßen komplex und durch stereotype Untersuchungsraster vorcodiert sind, dass wir auch Methoden akzeptieren müssen, die zwar Lücken aufweisen, dafür aber zu neuen Überlegungen führen und so auch neue Phänomene erscheinen lassen. Mit solchen Methoden können die völlig verschlissenen Begriffe aus den 70er Jahren überwunden werden, Begriffe wie: Verbot, Gesetz, Repression. Diese Begriffe waren sehr nützlich, als es galt, politisch etwas zu begreifen, doch man kann auch versuchen, das analytische Instrumentarium zu erneuern. In dieser Hinsicht scheinen mir die Vorgehensweisen in Amerika viel freier zu sein als in Frankreich, was nicht bedeutet, dass sie unantastbar sind.

Wir könnten jetzt vielleicht über das Buch von John Boswell, *Christianity, Social tolerance and Homosexuality** sprechen.

Es ist ein interessantes Buch, weil es Bekanntes wiederaufnimmt und daraus etwas Neues herausfiltert. Das Bekannte, das entwickelt wird, ist folgendes: die sogenannte christliche, nämlich jüdisch-christliche Moral ist ein Mythos. Man braucht nur die Dokumente hinzuzuziehen und sieht, dass es jene berühmte Moralität, welche die sexuellen Beziehungen an die Ehe bindet, den

---

* John Boswell, *Christianity, social tolerance, and homosexuality – Gay people in western Europe from the beginning of the Christian era to the fourteenth century*, University of Chicago Press, Chicago 1980.

Ehebruch und jedes außereheliche oder nicht der Fortpflanzung dienende Sexualverhalten verurteilt, dass es diese berühmte Moralität schon lange vor dem Christentum gab. Die ganzen Formulierungen finden Sie schon in den stoischen und pythagoräischen Texten, und diese Formulierungen sind schon dermaßen »christlich«, dass die Christen sie so übernehmen. Dabei überrascht ziemlich, dass die philosophische Moral gewissermaßen hinterherhinkte, sie folgte auf eine reale gesellschaftliche Bewegung zur Förderung von Eheschließungen, zur Aufwertung der Ehe und der Gefühlsbindungen zwischen den Gatten... In Ägypten hat man Heiratsverträge gefunden, die aus der hellenistischen Epoche stammen und in denen die Frauen die sexuelle Treue des Gatten fordern, zu der sich dieser verpflichtet. Diese Verträge kamen nicht aus den vornehmen Familien, sondern aus dem städtischen, etwas volkstümlichen Milieu.

Da es nur wenige Belege gibt, lässt sich die Hypothese aufstellen, dass die Texte der Stoiker zu dieser neuen Moralität der Ehe für die gebildeten Schichten das herausdestillierten, was in den Schichten des Volkes schon längst üblich war. Damit fällt ein völlig neues Licht auf unser vertrautes Bild von einer griechisch-römischen Welt, in der sexuell fast alles erlaubt gewesen sein soll, bis sie dann vom Christentum auf einen Schlag zerstört wurde.

Davon ist Boswell also ausgegangen, und er war sehr erstaunt, wie sehr das Christentum mit der ihm vorangehenden Zeit noch übereinstimmte, vor allem was das Problem der Homosexualität angeht. Bis zum 4. Jahrhundert übernimmt das Christentum denselben Moraltypus, es zieht nur die Schrauben etwas an. Neue Probleme stellen sich dann wohl erst mit der Entwicklung des Klosterwesens, eben vom 4. Jahrhundert an. Nun kommt die Forderung nach Jungfräulichkeit auf. In den asketischen

Texten hatte man zunächst Nachdruck aufs Fasten gelegt, nicht zuviel essen, nicht zuviel ans Essen denken; nach und nach entwickelt sich dann die Angst vor Bildern der Lüsternheit, vor libidinösen Bildern. Man findet da einen bestimmten Typ von Erfahrung, von Bezug zum Begehren und zum Geschlechtlichen, der ziemlich neu ist. Was die Homosexualität angeht, so berührt das die Gesamtgesellschaft kaum, auch wenn Sie bei Basilius von Cäsarea eine Verurteilung der Freundschaft zwischen Knaben finden. Gewiss erscheint mir zumindest, dass die große Verurteilung der Homosexualität im eigentlichen Sinne erst im Mittelalter, zwischen dem 8. und 12. Jahrhundert erfolgte. Boswell benennt hier deutlich das 12. Jahrhundert, aber sie zeichnet sich schon in einer gewissen Zahl von Bußtexten aus dem 8. und 9. Jahrhundert ab. Jedenfalls muss das Bild von einer jüdisch-christlichen Moral vollkommen auseinandergenommen werden, und man muss sich darüber klar werden, dass seine einzelnen Elemente in verschiedenen Epochen hinzugekommen und aus bestimmten Praktiken und Institutionen hervorgegangen sind, die von einem Milieu auf ein anderes übertragen wurden.

Um auf Boswell zurückzukommen: bei ihm überrascht mich, dass er von einer schwulen Subkultur des 12. Jahrhunderts spricht, der z. B. auch der Mönch A. de Rievaulx angehörte.

Freilich gab es schon in der Antike eine päderastische Kultur, die mit der Einschränkung des Verhältnisses zwischen Mann und Knabe mehr und mehr verschwand, etwa seit dem Römischen Reich. Ein Dialog Plutarchs berichtet von diesen Veränderungen: alle neuen Werte werden Seiten der Frau gesetzt, die älter als der Knabe ist, und gerade diese Beziehung wird aufgewertet;

als zwei Liebhaber von Knaben vorkommen, werden sie ein bisschen lächerlich gemacht, offenbar sind sie die schwarzen Schafe jener Geschichte, sie verschwinden auch am Ende des Dialogs. Auf diese Weise ist die päderastische Kultur zusammengeschrumpft. Andererseits ist nicht zu vergessen, dass das christliche Klosterwesen sich als Fortsetzung der Philosophie versteht, man hatte es ja mit einer monosexuellen Gesellschaft zu tun. Immerhin sind die Forderungen des frühen Mönchtums nach einer sehr anspruchsvollen Askese sehr schnell gemildert worden, und wenn man annimmt, dass die Klöster seit dem Mittelalter die alleinigen Kulturträger waren, so hat man schon alle Elemente beisammen, um zu erklären, warum von einer schwulen Subkultur gesprochen werden kann. Zu diesen Elementen muss auch die geistige Führung, also die Freundschaft gerechnet werden, ein intensives emotionales Verhältnis zwischen alten und jungen Mönchen, das man als Möglichkeit des Heils ansah. Sie pflegten so eine bereits von der Antike vorgeprägte Beziehungsform platonischen Typs. Nimmt man nun an, dass für diese klerikale und mönchische Elite bis zum 12. Jahrhundert tatsächlich der Platonismus die Grundlage der Kultur ausmachte, so ist, glaube ich, das Phänomen schon erklärt.

So wie ich Boswell verstanden habe, postuliert er, dass es eine offene und bewusste Homosexualität gegeben hat.

Boswell beginnt mit einem langen Kapitel, in dem er seine Vorgehensweise rechtfertigt und erklärt, warum er die Schwulen und die schwule Kultur als Leitfaden seiner Geschichtsbetrachtung gewählt hat. Doch gleichzeitig ist er vollkommen davon überzeugt, dass die Homosexualität keine transhistorische Konstante darstellt. Ihm geht es um folgendes: wenn Männer untereinander sexuelle Beziehungen haben, etwa ein Erwachsener zu einem Knaben im Rahmen der Polis oder des Klosters, dann nicht nur, weil die anderen diese oder jene Form des Geschlechtsverkehrs dulden, sondern weil das notwendigerweise auch eine Kultur miteinschließt, d. h. Ausdrucksweisen, Wertskalen etc., also auch einschließt, dass die Subjekte selbst wissen, worin diese Beziehungen spezifisch sind. Tatsächlich kann man diese Idee akzeptieren, sobald es sich nicht nur um eine sexuelle Kategorie oder anthropologische Konstante, sondern um ein kulturelles Phänomen handelt, das sich in der Zeit verändert und dabei doch seine allgemeinen Ausdrucksformen beibehält: als Verhältnis zwischen Individuen gleichen Geschlechts, das eine Lebensweise mit sich bringt, wobei man weiß, dass man sich von anderen unterscheidet. Letztendlich gehört auch dies zur Monosexualität... Man müsste untersuchen, ob sich für die Frauen nicht eine ähnliche Hypothese aufstellen ließe, die sehr unterschiedliche Kategorien von Frauen einschließen würde, eine weibliche Subkultur, in der die Tatsache, Frau zu sein, impliziert, dass man Verhältnisse zu anderen Frauen eingehen kann, die weder Männern möglich sind noch auch anderen Frauen, die nicht zur Subkultur gehören. Um Sappho und um den Mythos von Sappho herum hat es wohl eine solche Subkultur gegeben.

Tatsächlich scheinen bestimmte neuere feministische Forschungen in diese Richtung zu zielen, vor allem, was die weiblichen Troubadouren angeht, deren Texte sich an Frauen richten. Die Interpretation dieser Texte ist jedoch insofern schwierig, als man nicht weiß, inwieweit diese Frauen nicht nur Sprachrohre für bestimmte Lehnsherren waren wie die männlichen Troubadouren. Jedenfalls aber existieren einige Texte, die wie Christine de Pisan vom »weiblichen Geschlecht« sprechen und beweisen, dass es ein gewisses Bewusstsein von einer autonomen weiblichen Kultur gegeben haben muss, die zudem noch durch die Männergesellschaft gefährdet war. Wenn nun auch von einer schwulen weiblichen Kultur gesprochen werden soll, dann scheint mir allerdings der Ausdruck »schwul« auf Frauen nicht recht anwendbar.

In Frankreich hat dieser Ausdruck tatsächlich eine viel engere Bedeutung als bei den Amerikanern. Wen Boswell eine schwule Kultur, zumindest eine männliche schwule Kultur postuliert, so widerspricht das jedenfalls nicht der These, nach der die Homosexualität keine anthropologische Konstante ist, die manchmal unterdrückt und manchmal akzeptiert worden ist.

In *Der Wille zum Wissen** untersuchen Sie, wie die Sexualität Diskurs geworden ist, ein Diskurs, der in der modernen Zeit außergewöhnlich wuchert. Und in diesen Diskursen über die Sexualität fehlt offenbar die Homosexualität, zumindest bis zum Jahre 1850.

Ich möchte gern dahinkommen zu begreifen, warum gewisse Verhaltensweisen zu einem bestimmten Zeitpunkt problematisiert wurden, warum sie Untersuchungen veranlassten und Objekte des Wissens bildeten. Man versucht, diese Verhaltensweisen zu entziffern, zu begreifen und zu klassifizieren. Interessant ist aber nicht so sehr eine Sozialgeschichte des Sexualverhaltens oder eine historische Psychologie der Einstellungen zur Sexualität, sondern eine Geschichte der Problematisierung dieser Verhaltens-

---

* Frankfurt/Main 1977.

weisen. Es gab zwei Goldene Zeitalter für die Problematisierung der »Homosexualität«, der »Monosexualität«, d. h. der Beziehungen zwischen Männern oder zwischen Männern und Knaben.

Das erste ist die griechisch-hellenistische Epoche, die im Grunde mit dem Römischen Reich zu Ende geht. Die letzten großen Zeugnisse davon sind: der Dialog Plutarchs, die Abhandlungen des Maximos von Tyrus und der Dialog Lukians...

Meine Hypothese ist nun, dass sie – obwohl es sich um eine gängige Praxis handelte – gerade deshalb soviel davon gesprochen haben, weil es ein Problem darstellte.

In den europäischen Gesellschaften erfolgte die Problematisierung eher institutionell als verbal: ein ganzes System von Maßnahmen, Verfolgungen und Verurteilungen wurde auf diejenigen angewandt, die man noch nicht Homosexuelle nannte, sondern vom 17. Jahrhundert an Sodomiten. Es handelt sich da um eine sehr verwickelte Geschichte, eine Geschichte in drei Zeitabschnitten.

Seit dem Mittelalter gab es ein Gesetz gegen die Sodomie, das die Todesstrafe einschloss und dessen Anwendung (traurig, aber wahr) sehr begrenzt war. Man müsste die Ökonomie dieses Problems untersuchen, das Bestehen des Gesetzes, den Rahmen, in dem es angewendet wurde, und die Gründe, warum es nur in diesem oder jenem Fall angewendet wurde.

Die zweite Etappe ist die Polizeipraxis gegen die Homosexualität, in Frankreich wird sie deutlich in der Mitte des 17. Jahrhunderts, zu einer Zeit, in der es schon richtige Städte gab, in der ein gewisser Typ polizeilicher Erfassung erfolgte, wobei z. B. die ziemlich massive Inhaftierung von Homosexuellen vermerkt wurde, an Orten wie dem Jardin du Luxembourg, Saint-Germain-des

Prés oder dem Palais Royal. Dutzende von Verhaftungen werden registriert, die Namen aufgenommen, die Leute für ein paar Tage festgehalten oder auch einfach wieder laufengelassen. Einige dürfen ohne Prozess »im Loch bleiben«. Ein ganzes System von Fallen und Drohungen mit Spitzeln und Bullen wird aufgebaut, und sehr bald, seit dem 17. und 18. Jahrhundert, entsteht daraus eine richtige kleine Welt. Die Akten der Bibliothek des Arsenals reden hier Bände: man hielt dort Arbeiter, Pfarrer und Soldaten ebenso fest wie Angehörige des niederen Adels. All das schreibt sich ein in den Rahmen der Überwachung und Organisation einer Welt von prostituierten Mädchen (Nutten, Tänzerinnen, Schauspielerinnen), die sich im 18. Jahrhundert voll entfaltet. Die Überwachung der Homosexualität hat aber wohl schon ein wenig früher begonnen.

Die dritte Etappe ist dann natürlich der geräuschvolle Eintritt der Homosexualität ins Feld der medizinischen Überlegung in der Mitte des 19. Jahrhunderts. Ein Eintritt, der unauffällig schon im Laufe des 17. Jahrhunderts und zu Beginn des 19. Jahrhunderts erfolgt war. Es war ein soziales Phänomen im großen Maßstab, und es war komplizierter als eine bloße Erfindung der Ärzte.

Denken Sie, dass z. B. durch die medizinischen Arbeiten eines Magnus Hirschfeld* zu Beginn des 20. Jahrhunderts und durch seine Klassifizierungen die Homosexuellen in Anstalten eingewiesen worden sind?

Freilich haben jene Kategorien zur Pathologisierung der Homosexualität geführt, zugleich aber waren es Verteidigungskategorien, mit denen man auf seine Rechte pochen konnte. Das Pro-

---

* vgl. Kris Nicolas, »Les Pionniers du mouvement homosexuel«, *Masques*, No. 8, Paris 1981.

blem ist immer noch hochaktuell: zwischen der Bejahung »ich bin homosexuell« und der Ablehnung, das zu sagen, besteht eine ganze Dialektik, die sehr zweischneidig ist. Die Bejahung ist notwendig, denn sie bekräftigt ein Recht, aber sie ist zugleich ein Käfig und eine Falle. Eines Tages wird die Frage »Sind Sie homosexuell?« ebenso selbstverständlich sein wie die Frage »Sind Sie ledig?«. Doch warum fühlt man sich schließlich auch verpflichtet, seine Entscheidung in die Welt hinauszuposaunen? Man kann ja nie in einer festen Position verharren und muss je nach Umständen neu bestimmen, welchen Gebrauch man von einer solchen Entscheidung machen will.

Im Gespräch mit der Zeitung *Gai Pied* sagen Sie, dass wir »darauf hinarbeiten müssen, homosexuell zu werden«, und am Schluss reden Sie von »vielgestaltigen und variablen Beziehungen«. Liegt darin nicht ein Widerspruch?

Damit wollte ich sagen, dass man darauf hinarbeiten muss, schwul zu sein, d. h. sich in eine Dimension zu versetzen, in der die sexuellen Entscheidungen, die man fällt, immer gegenwärtig sind und unser ganzes Leben beeinflussen. Ich wollte damit auch sagen, dass mit diesen sexuellen Entscheidungen zugleich Lebensweisen geschaffen werden müssen. Schwul sein bedeutet, dass diese Entscheidungen das ganze Leben durchdringen. Es ist eine bestimmte Art und Weise, vorgefertigte Lebensweisen abzulehnen, was heißt, mit einer sexuellen Entscheidung auch seine Existenz zu verändern. Nicht schwul sein hieße dann fragen: »Wie kann ich die Auswirkungen meiner sexuellen Entscheidung so einschränken, dass sich mein Leben in keiner Weise ändert?«

Ich würde nun sagen, dass man seine Sexualität dazu verwenden soll, neue Beziehungsformen zu entdecken und zu erfinden. Schwul sein heißt im Werden sein. Und um auf Ihre Frage zurückzukommen, möchte ich hinzufügen, dass man nicht homosexuell sein muss, sondern dass man darauf hinarbeiten muss, schwul zu sein.

Und deshalb sagen Sie, dass »Homosexualität keine Form des Begehrens, sondern etwas Begehrenswertes ist«?

Ja, und ich glaube, dass darin der Kern der Frage liegt. Nach unserem Verhältnis zur Homosexualität fragen heißt eher, sich eine Welt zu wünschen, in der solche Beziehungen möglich sind, als einfach nur ein sexuelles Verhältnis zu einer Person gleichen Geschlechts wollen, wenngleich auch das wichtig ist.

Zärtlichkeit unter Männern als Kunst betrachtet

Interessiert sich jemand für die schlaflosen, die »weißen« Nächte der Verleger, so würde er sie – und nicht nur die kleinen – weinen hören: Übersetzen ist unmöglich, es ist kostspielig und unrentabel. Ich kenne Verleger, die sich seit 10 Jahren mit Übersetzungsprojekten herumschlagen, die sie nicht abzulehnen wagten, die zum Abschluss zu bringen, sie sich jedoch auch nicht trauen. Jedenfalls hat sich nun ein Verleger – ein »ganz kleiner« gefunden, der soeben (1982) in sehr gutem Französisch *den* Dover* herausgebracht hat, ein noch neues und bereits klassisches Buch. Dieser Aufgabe hat sich der Verlag *La Pensée sauvage* in Grenoble mit Alain Geoffrey und Suzanne Said (einer ausgezeichneten Übersetzerin) gewidmet. Und zwar mit vollem Erfolg. Das sollte all denen zu denken geben, die sich über die zukünftigen Schicksale von Editionen für Kenner den Kopf zerbrechen.

Dovers Buch wird hierzulande genauso erfolgreich aufgenommen werden wie in England und in den USA. Umso besser. Aus dem Vollen schöpfend, werden uns die Freuden der Gelehrsamkeit vor Augen geführt: nicht selten sind sie unerwartet. Das Buch durchzieht eine große intellektuelle Heiterkeit und oft eine unverwüstliche Komik: scharfe Amoral des Denkens, gelehrt und oxfordisch; akribische Genauigkeit, um anhand von zweifelhaften Texten und ein paar Museumsscherben wieder eine lebendige Hand zwischen zwei Schenkeln zu erfassen oder einen süßen Kuss zu kosten, der zweieinhalbtausend Jahre alt ist. Neuartig ist das Buch vor allem durch sein Dokumentarmaterial und die

* Kenneth J. Dover, *Homosexualität in der griechischen Antike*, München 1983, deutsch v. Susan Worcester.

Art und Weise, wie es verwendet wird. Texte und ikonographisches Ausgangsmaterial werden äußerst streng miteinander verflochten. Denn die Griechen des klassischen Zeitalters haben sehr viel mehr davon gezeigt als gesagt: die Vasenmalereien sind bei weitem aufschlussreicher als die uns verbliebenen Texte, selbst als die Komödien. Allerdings blieben viele gemalten Szenen stumm (und waren es bislang), würde nicht auf die Texte zurückgegriffen, die ihre Bedeutung der Liebe verraten. Ein junger Mann reicht einem Knaben einen Hasen? – Geschenk der Liebe. Er streichelt ihn am Kinn? – Unzweideutiges Angebot. Hier liegt der Kern von Dovers Untersuchung: es gilt wiederzufinden, was die Gesten des Geschlechts und der Lust ausdrückten, Gesten, die wir für allgemeingültig halten (denn was sollte schließlich allgemeiner sein als die Gestensprache der Liebe?), die aber, in ihrer historischen Spezifik untersucht, einen besonderen Diskurs halten.

In der Tat räumt Dover mit der ganzen Begriffsszenerie auf, die uns den Blick verbaute. Natürlich werden sich immer noch liebenswerte Menschen finden, bei denen man denken kann, dass es Homosexualität eigentlich immer schon gab: Cambacérès, der Graf von Créquy, Michelangelo oder Timarchos wären die besten Beweise dafür. Solchen Naivlingen verabreicht Dover eine gehörige Lektion in historischem Nominalismus. Die Beziehung zwischen zwei Menschen gleichen Geschlechts ist eine Sache. Aber das gleiche Geschlecht zu lieben und seine Lust mit ihm zu teilen, ist eine andere, es ist eine ganze Erfahrung, mit ihren Objekten und ihren Werten, der Lebensart des Subjekts und seinem Bewusstsein von sich selbst.

Diese Erfahrung ist komplex und vielgestaltig, sie verändert ihre Formen. Es ließe sich daraus eine ganze Geschichte über

»den anderen des gleichen Geschlechts« als Objekt der Lust entwickeln. Eben das macht Dover für das klassische Griechenland. Dem freien Knaben in Athen entspräche in dieser Hinsicht in Rom eher der Sklave; zu Beginn des klassischen Zeitalters lag sein Wert in seiner jugendlichen Lebenskraft und seiner bereits vorgeprägten Gestalt; später lag er in seiner Anmut, seiner Jugend und der Frische seines Körpers. Er sollte sich möglichst auch verweigern können, sich nicht herumreichen lassen und nicht dem erstbesten nachgeben, vor allem niemals »umsonst« (wenngleich es als vereinbart galt, dass Geld die Beziehung in Misskredit brachte oder sie durch übermäßige Habgier verdächtig machte). Andererseits hatte der Liebhaber von Knaben seine verschiedenen Gesichter: als Jugend und Kampfgefährte, als Vorbild von Bürgertugend, als eleganter Begleiter oder Lehrer von Weisheit. Jedenfalls machte in Griechenland keiner von beiden diese Liebesbeziehung oder diese Lust jemals zu einer Erfahrung, die derjenigen ähnelt, die wir, wir und unsere Zeitgenossen, aus der Homosexualität machen.

Zweifelsohne lassen sich mit Dover auch diejenigen belächeln, für die die Homosexualität in Griechenland frei gewesen sein soll. Diese Art von Geschichtsschreibung kann nicht in den einfachen Begriffen von Verbot und Toleranz geschrieben werden, so als hätte es auf der einen Seite das hartnäckige Begehren gegeben und auf der anderen das Verbot, das es unterdrückte. In Wirklichkeit waren die Verhältnisse der Liebe und der Lust zwischen Menschen männlichen Geschlechts genau und anspruchsvoll geregelt. Selbstverständlich musste auch auf bestimmte Weise verführt und der Hof gemacht werden. Es gab eine regelrechte Hierarchie, angefangen bei der »guten« Liebe, die ihren beiden Partnern Ehre machte, über vielerlei Abstufungen von Schwäche, Gefälligkeit und verletzte Ehre bis zur käuflichen Liebe. Auf die Beziehungen zwischen erwachsenem Mann und Knaben fiel ein gleißendes Licht, während die sexuellen Beziehungen zwischen gesetzteren Bartträgern in einem weiten Schattenkreis lagen. Vor allem gab es – und darin liegt zweifellos ein Kernpunkt der griechischen Ethik – eine radikale Trennung zwischen *Aktivität* und *Passivität*. Hochbewertet wurde allein Aktivität; Passivität – der Natur und Stellung nach zu Frauen und Sklaven gehörig – konnte für den Mann nur schmachvoll sein. Die ganze Untersuchung Dovers zeigt deutlich, worin sich die griechische Erfahrung der Sexualität von der unsrigen am schärfsten unterscheidet. Für uns stellt die Bevorzugung des (hetero- oder homosexuellen) Objekts den wesentlichen Unterschied dar; für die Griechen legt die (aktive oder passive) Position des Subjekts die moralische Grenze fest: in Bezug auf dieses konstitutive Element einer im wesentlichen männlichen Ethik sind die Partnerwahlen (Knaben, Frauen, Sklaven) relativ bedeutungslos.

Auf den letzten Seiten seines Buchs lässt Dover einen entscheidenden Punkt erscheinen, der rückwirkend seine ganze Untersuchung erhellt. Bei den Griechen – und das trifft nicht nur auf die klassische Epoche zu – war das sexuelle Verhalten nicht durch einen Kodex geregelt. Kein ziviles, religiöses oder »natürliches« Gesetz schrieb vor, was man zu tun und zu lassen hatte. Und gleichwohl war die sexuelle Ethik anspruchsvoll, komplex und vielgestaltig. Allerdings so wie es eine technè, eine Kunst sein kann – eine Lebenskunst, verstanden als Sorge um sich selbst und sein Leben.

Die Lust mit Knaben war eine Erfahrungsweise. Dover zeigt es ausführlich. Zumeist schloss sie das Verhältnis zu Frauen nicht aus und war insofern weder Ausdruck einer besonderen

Gefühlsstruktur noch eine Lebensform, die sich von anderen unterschied. Aber sie war viel mehr als eine Lustmöglichkeit unter anderen: sie schloss Verhaltensweisen und Lebensarten ein, bestimmte Beziehungen zu anderen, die Anerkennung eines ganzen Wertkomplexes. Es war eine Entscheidung, die weder ausschließlich noch unaufhebbar war; aber ihre Prinzipien, ihre Normen und Auswirkungen erstreckten sich weit in die Lebensformen hinein.

Man muss sich damit abfinden: Dovers Buch erzählt von keinem Goldenen Zeitalter, in dem das Begehren hätte offen bisexuell sein können; es erzählt die besondere Geschichte einer sexuellen Entscheidung, die in einer bestimmten Gesellschaft eine Lebensweise war, eine Kultur und Kunst an sich selbst.

Ariès oder die Sorge um die Wahrheit

Lange hat man ihn in der Nähe des Kreisels Bugeaud sehen können, in einem merkwürdigen ehemaligen Hotel, das eine Verwaltungsgesellschaft mit rätselhaften Initialen in Büros verwandelt hatte. Ich erinnere mich – doch ist es genau? – an ein großes Zimmer mit dunkler Holztäfelung; dort schien die Zeit stehengeblieben zu sein, als ob der *genius loci* sie zu einem bestimmten Augenblick der unaufhaltsam abrollenden Geschichte angehalten hätte; das hatte diesem Zimmer etwas vom Salon bewahrt, der es einst gewesen war; es war so dunkel wie eine schattige Bibliothek.

Philippe Ariès war ein Mann, den man schwerlich hätte nicht mögen können: er hielt darauf, zur Messe seiner Pfarrgemeinde zu gehen, wenngleich er sich zuvor stets mit Ohropax versorgte, um nicht den albernen Liturgie-Witzen des 2. Vatikanischen Konzils ausgesetzt zu sein. Seine Familie, von der Insel Martinique stammend, war maurisch, bemühte sich jedoch vergeblich darum, Daudet davon zu überzeugen, dass Saint-John Perse kein N[...] war .Ein anerkannter Hochschullehrer, den man fragte, wer denn nun dieser so außerordentliche Historiker sei und wieviel Kredit man ihm gewähren dürfe, setzte schließlich der Neugier seines Gesprächspartners und dessen möglichem Wohlwollen ein Ende, indem er im Sorbonne-Stil der Vorkriegszeit antwortete: »Das ist jemand, der ein Vermögen besitzen muss.« Tatsächlich besaß Philippe Aries so etwas wie Eleganz – moralische und intellektuelle Eleganz, was schon ein recht seltenes Vermögen ist.

Die Einfältigen – damit meine ich Herrn Lawrence Stone* – glaubten, sein Geheimnis zu enthüllen, wenn sie daran erinnerten, dass er ein Rechter war und der Tradition verhaftet blieb, dass er der »Action française« angehört und zeitweilig aufseiten des Vichy-Regimes gestanden hatte. Andere, boshaftere, dachten wiederum, dass er darunter litt, ein Amateurhistoriker zu sein, und dies aufgrund eines hinderlichen Berufes bleiben zu müssen, wenngleich er ungeduldig darauf wartete, von der Zunft anerkannt zu werden. Ich glaube, dass der Kern der Sache woanders zu suchen war: wie bei fast allen Leuten lag sein Geheimnis in der Mitte seines Lebens, in seinem sichtbarsten Teil. 30 Jahre lang übte Philippe Aries einen Beruf aus, der ihn begeisterte und an einen Schnittpunkt der Moderne stellte: er hatte sich mit der landwirtschaftlichen Entwicklung in den ehemaligen Kolonien zu befassen, ein Dokumentationszentrum zu organisieren und war einer der ersten, der dafür die alles umwälzende Informatik einsetze; er kam in der Welt herum und begegnete jenen internationalen Technokraten, deren Entscheidungen zuweilen ganze Bevölkerungen leben oder sterben ließen, retteten oder aushungerten.

»Ein Sonntagshistoriker«, wie er selbst sagte. Seine Wochenenden als Historiker sind jedoch gerade durch seine berufliche Tätigkeit und seine ausgefüllten Wochen angeregt worden. Die unmittelbare Erfahrung einer weltweiten technologischen Moderne war bei ihm an die Stelle einer Sensibilität getreten, die er nie verleugnet oder vertuscht hatte: die Sensibilität eines Provinzbürgers. Seine berufliche Praxis ermöglichte ihm, sich allgemein geschichtliche Fragen über ein Unbehagen zu stellen, das das Milieu seiner Herkunft kennzeichnete: über die Schwierigkeit, die

* vgl. die Kontroverse zwischen Lawrence Stone und Michel Foucault in der *New York Revue of Books*, Dezember 1982 / März 1983.

Werte und Normen einer Lebensweise mit der Entwicklung technischer Rationalität zu vereinbaren. Das führte ihn zu Problemstellungen, die von denen Max Webers nicht weit entfernt waren (er hatte Weber nicht gelesen, ihn jedoch nicht, wie gewisse Ignoranten, mit Spengler verwechselt).

Max Weber interessierte sich vor allem für die Verhaltensweisen in der Wirtschaft, Ariès wiederum für Verhaltensweisen, die das Leben betreffen. Natürlich brauchte er nicht erst die Bedeutung biologischer Prozesse in der Geschichte zu entdecken, aber er sah, dass Leben und Tod im Werden der Menschen nicht allein über ihre Wirkungen auf die Gattung gegenwärtig sind, sondern sich auch in den Haltungen durchsetzen, die Gesellschaft, Gruppen und Individuen dazu einnehmen können. Geboren werden, aufwachsen, sterben, krank sein: scheinbar ganz einfache und ständig geschehende Dinge. Die Menschen haben aber in Bezug auf sie vielschichtige und veränderliche Haltungen entwickelt, die nicht nur ihren Sinn verändern, sondern mitunter auch die Folgen, die sie zeitigen können. Aries ist nun auf den Gedanken gekommen, diese vielschichtigen Gestalten zu untersuchen, die dem Elementaren des Lebens in der menschlichen Kultur Form geben.

Nacheinander studierte er die demographischen Fakten, und zwar nicht bloß als biologischen Hintergrund einer Gesellschaft, sondern als eine Art, sich zu verhalten: sich selbst, seiner Herkunft und Zukunft gegenüber. Dann die Kindheit, die für ihn eine Gestalt des Lebens darstellte, welche von der Haltung und der Sensibilität der Erwachsenenwelt zugeschnitten, aufgewertet und angepasst wird. Schließlich den Tod, das universelle Ultimo, das die Menschen ritualisieren, inszenieren, erhöhen oder zuweilen – wie heutzutage – auch neutralisieren und negieren.

»Geschichte der Mentalitäten« – diesen Ausdruck hat er selbst benutzt. Doch braucht man nur seine Bücher zu lesen: er hat eher eine Geschichte der Praktiken entwickelt, Praktiken, die die Form eigensinniger Gewohnheiten einfacher Leute haben, aber auch solcher Praktiken, die eine prunkvolle Kunst schaffen können; und er hat versucht, die Haltung und die Art des Tuns oder Seins, des Handelns und Fühlens herauszulesen, in der diese oder jene Praktiken wurzeln konnten. Ebenso auf die stumme Geste achtend, die sich über Jahrtausende erhalten hat, wie auf das einzigartige Werk, das in einem Museum schlummert, hat er das Prinzip einer »Stilistik der Existenz« begründet – damit meine ich eine Untersuchung der Formen, mittels derer der Mensch sich darstellt und entwirft, sich vergisst oder verleugnet angesichts seines Schicksals lebendig und sterblich zu sein.

Aries erzählte gern von den Ideenschlachten der Vorkriegszeit, die seine kampfeslustige Jugend geprägt haben. Er hatte, so sagte er, sich zwischen zwei Denkungsarten entscheiden müssen. Die eine »rechte« vertraute auf die Kontinuität einer Nation, um sich nicht über die möglichen Auswirkungen der Fortschritte von Technik und Rationalisierung Sorgen machen zu müssen. Die andere, eine »linke« setzte ziemlich viel Vertrauen in den Fortschritt und wartete geduldig auf dessen notwendige oder nützliche Wirkungen. Aries hatte also die. erste gewählt. Aber die Gründe seiner Wahl – sein Festhalten an einem Stil, an Werten und an einer Lebensweise – führten ihn sehr bald zur Anerkennung von Forderungen, die den gegnerischen recht nahe kamen.

So fügte er dem Denken, von dem er abstammte, schließlich ein paar schwere Verletzungen zu, die manche seiner Freunde ihm nur schwer verzeihen konnten. Wie kann man denn auch, wenn man die große Kontinuität einer Nation über die monarchistische Tradition herstellen will, jene tiefgehenden Diskontinuitäten zugeben, welche – häufig unbemerkt – die Sensibilität und die Haltungen einer ganzen Gesellschaft kennzeichnen? Wie kann man die politischen Strukturen noch als höchst wichtig einschätzen, wenn man Geschichte über undeutliche Gesten ablaufen lässt, die von oft kaum definierten Gruppen beibehalten oder ausgewechselt werden? Einer ganzen Rechten fiel es sehr schwer, sich darin noch wiederzuerkennen. Eine gewisse Art, seine Tradition zu sehen und zu lieben, hatte diesen traditionsgebundenen Menschen eine andere Geschichte entdecken lassen.

Und mit der Großmut, der Ironie und der vornehmen Gelassenheit, die man alle zugleich in seinem Lachen hörte, machte er der anderen Geschichte, der Geschichte der akademischen Historiker, die ihn sorgfältig übersehen hatten, das Geschenk jenes neuen Blicks.

Wir alle haben die Konvertierten des Marxismus satt, die ihre Prinzipien und Grundwerte zwar geräuschvoll auswechseln, sich aber im »Figaro« von heute genauso beschränkt äußern wie in der »Nouvelle Critique« von gestern. Aries hingegen besaß Treue und Erfindungsgeist: darin lag seine intellektuelle Moral. Wir alle verdanken seiner Arbeit ungeheuer viel. Um jedoch die persönlichen Schulden zurückzuzahlen, die ich noch zu begleichen habe, wünschte ich mir, dass uns das Beispiel dieses Mannes erhalten bleibt, der es verstand, seine Treue zur Tradition auszuarbeiten, seine laufenden Entscheidungen immer wieder neu zu durchdenken und sich mit zähem Eifer in Sorge um die Wahrheit selbst zu verändern.

Für eine Moral des Unbequemen

Jean Daniel, L'ère des ruptures*

Im Jahre 1784, gegen Ende der Epoche der Aufklärung, legte die *Berlinische Monatsschrift* ein paar tüchtigen Köpfen folgende Frage vor: »Was ist Aufklärung?« Nach Mendelssohn antwortete darauf Kant.

Bemerkenswerter noch als die Antworten finde ich die Frage. Denn am Ende des 18. Jahrhunderts war »Aufklärung« keine Neuheit oder Erfindung, keine Revolution oder Partei. Es war etwas Vertrautes und Verschwommenes, das gerade geschah – und vorüberging. Das preußische Journal fragte im Grunde: »Was ist uns geschehen? Worum handelt es sich bei jenem Ereignis, das doch nichts anderes ist als das, was wir soeben noch gesagt, gedacht und getan haben – nichts anderes als wir selbst, das gewisse etwas, das wir waren und noch sind?«

Muss diese eigentümliche Befragung nun in die Geschichte der Philosophie oder in die Geschichte des Journalismus eingeschrieben werden? Ich weiß nur, dass es seit diesem Zeitpunkt kaum noch Philosophien gibt, die *nicht* um die eine Frage kreisen: »Wer sind wir heutzutage? Und welches ist dann jener so flüchtige Zeitpunkt, von dem wir unsere Identität nicht ablösen können, der sie vielmehr mit sich reißen wird?« Allerdings denke ich, dass diese Frage auch dem Beruf des Journalisten zugrundeliegt. Die Sorge zu wissen, was geschieht – wird Jean Daniel mir widersprechen? – ist nicht so sehr vom Wunsch beherrscht zu wissen, wie es immer und überall geschehen kann, als viel-

* Éditions Grasset, Paris 1979.

mehr vom Wunsch, das zu werden, was sich hinter jenem Wort verbirgt, das genau und fließend, mysteriös und durchaus einfach ist: »Heute«.

L'ère des ruptures (Das Zeitalter der Brüche) hat Jean Daniel quer zu seinem Beruf des Journalisten geschrieben – gleichsam aus der Vogel- und aus der Froschperspektive. Es ist das Gegenstück zu *Le Temps qui reste* (Paris 1973, Die Zeit, die bleibt). Für manche Leute ist die Zeit zum Verfliegen bestimmt und das Denken zum Stillstand verurteilt. Jean Daniel gehört zu denen, für welche die Zeit verharrt und das Denken sich bewegt. Nicht etwa deshalb, weil es ständig Neues denkt, sondern weil es dasselbe immer wieder neu denkt und allein daraus lebt und atmet. Ein Traktat des beweglichen Denkens.

Jeder hat seine Art, sich zu verändern oder – was aufs Gleiche hinauskommt – wahrzunehmen, wie sich alles verändert. Nichts ist in dieser Hinsicht anmaßender, als den anderen Vorschriften machen zu wollen. Meine Art und Weise, nicht mehr derselbe zu sein, ist *per definitionem* das Eigentümlichste von dem, was ich bin. Und doch gibt es – Gott weiß weshalb – jene Agenten ideologischer Zirkulationen, deren Trillerpfeifen wir hören: nach rechts, nach links, hierher, weiter weg, auf der Stelle, jetzt nicht... Beides, das Bedürfnis nach Identität und das unbedingte Gebot, mit der Tradition zu brechen, riecht gleicherweise faul.

Von großen Leidenschaften bewegte Zeiten – Kriege, Perioden des Widerstands, Revolutionen – brauchen eher Treue. Heutzutage ist man sehr für Brüche. Wenn ich den Titel lese, den Jean Daniel für sein Buch gewählt hat, sehe ich ihn wohl oder übel ein wenig lächeln. Denn er berichtet nicht so sehr von Brüchen wie von kaum merklichen Momenten der Veränderung: von Verschiebungen und fließenden Übergängen, von Nahtstellen und wechselnden Gesichtspunkten, von kleiner und größer werdenden Abständen und von Wegen, die abweichen, sich winden und plötzlich wieder zurückführen. In einem Zeitraum von 15 Jahren, seit der Gründung des *Nouvel Observateur*, hat Jean Daniel sich verändert, und um ihn herum hat sich alles verändert, die Zeitschrift hat sich verändert und auch seine Gesprächspartner, seine Freunde und seine Gegner – alle und jeder und jeder in Bezug auf alle.

Um sich in diese allgemeine Beweglichkeit zu stürzen, braucht man politischen Mut, man braucht Sprach- und Selbstbeherrschung. Damit man nicht etwa versucht ist zu sagen, dass – dem Anschein zum Trotz – sich doch gar nicht so viel verändert hat. Und auch nicht behauptet: dies und das hat sich ereignet, hier verläuft die grundlegende Scheidelinie, und hier ist die Kraft, die alles aufgesaugt hat. Und damit man vor allem nicht jene überhebliche und festgelegte Haltung einnimmt, die etwa ausdrückt: ich hab's richtig gesehen, ich hab's euch schon immer gesagt.

Welches ist der »Tag«, der alles geändert hat? Der Tag der Linken. Die Linke: keine Parteienkoalition auf dem politischen Schachbrett, sondern eine Zugehörigkeit, die viele verspürten, ohne sie jedoch deutlich bestimmen zu können oder zu wollen. So etwas wie eine »eigentliche« Linke, eine Mischung von Evidenzen und Verpflichtungen: »Eher Heimat als Konzept«. Und paradoxerweise hat Jean Daniel mehr als irgendein anderer dazu beigetragen, dass sie existieren konnte.

Unmittelbar nach dem Kriege hatte diese Parteien-Linke ziemlich große Schwierigkeiten zu existieren. Angelehnt an die Résistance und gestützt auf die UdSSR und das »sozialistische

Lager« als alleinigem Besitzer der ›wahren Lehre‹ war die kommunistische Partei gleich dreifach legitimiert: historisch, politisch und theoretisch. Sie stellte das Gesetz für alles auf, was sich links gab – indem sie es ihm entweder unterordnete oder mit dem Bannstrahl traf. Sie magnetisierte gleichsam das politische Feld, indem sie die Eisenfeilspäne der Umgebung ausrichtete und ihnen einen Sinn auferlegte; man war entweder dafür oder dagegen, Verbündeter oder Gegner.

Chruschtschow, Budapest: die politischen Rechtfertigungen bröckeln. Entstalinisierung und »Krise des Marxismus«: die theoretische Legitimation verschwindet im Nebel. Und die Opposition gegen den Algerienkrieg stellt einen historischen Bezug her, bei dem die Partei – im Unterschied zur Résistance durch Abwesenheit glänzt. Kein Gesetz mehr auf der Linken: die Linke konnte auftauchen. Und die Frage der aufrechten Anti-Stalinisten: »Wir wissen recht gut, wer wir sind, doch wie können wir erreichen, dass wir wirklich existieren?« konnte wieder anders gestellt werden: »Wir existieren; jetzt ist es Zeit zu wissen, wer wir sind.« Diese Frage war sozusagen die Geburtsstunde des *Nouvel Observateur*. Aus jenem Zugehörigkeitsgefühl galt es nicht mehr eine Partei oder gar eine Meinung zu bilden, sondern ein gewisses Selbstbewusstsein. *L'ère des ruptures* berichtet, wie hartnäckig daran gearbeitet wurde, ein verschwommenes Bewusstsein klarzukriegen, so dass sich schließlich jene Evidenz auflöste, die es hatte entstehen lassen.

In der Tat hat sich diese Suche nach Identität auf ziemlich seltsame Weise vollzogen. Zu Recht wundert sich Jean Daniel nachträglich darüber und findet all die Vorgehensweisen, die sich zu einem bestimmten Zeitpunkt »scheinbar wie von selbst verstanden«, »gar nicht mehr so selbstverständlich«.

Erste Überraschung. Immer seltener hat man versucht, sich in Bezug auf die großen Barometer der Geschichte zu situieren: in Bezug auf Kapitalismus, Bourgeoisie, Imperialismus, Sozialismus und Proletariat. Nach und nach hat man auch darauf verzichtet, die »logischen« und »historischen« Ableitungen bis hin zum Unannehmbaren oder Unerträglichen durchzuziehen. Der Heroismus politischer Identität hat seine Zeit gehabt. Wer und was man ist, danach fragt man nur, wenn es sich aus den Problemen ergibt, mit denen man sich herumschlägt: wie soll man sich beteiligen und Partei ergreifen, ohne sich übers Ohr hauen zu lassen? Eher eine Erfahrung, ein Versuch mit... als ein Engagement für...

Zweite Überraschung. Das Bewusstsein der französischen Linken hat sich nicht über die Vereinigte Linke (Union de la Gauche), nicht über das »Programme commun« und auch nicht über das Aufgeben der Diktatur des Proletariats durch die »Partei der Revolution« geformt, sondern über einen Landzipfel im Mittleren Orient, über Bombardierungen und Lager eines Indochinas, das nicht mehr französisch war. Die Dritte Welt mit den revolutionären Bewegungen, die sich dort entwickelten, und den autoritären Staaten, die sich herausbildeten; Palästina, die Araber und Israel; die Konzentrationslager in der Sowjetunion – und vielleicht auch der Gaullismus, insofern er – entgegen allen blinden Prophezeiungen – die Entkolonisierung durchgeführt hat: eben das war's, was die Linke herausgebildet hat.

Dritte Überraschung. Am Ende all dieser Erfahrungen oder Träume stand weder Einhelligkeit noch Belohnung. Kaum war ein Konsensus gebildet (wie z. B. gegen die Präsenz der Amerikaner in Vietnam), löste er sich auch schon wieder auf: allen fiel es immer schwerer, völlig mit sich selbst im Einklang zu bleiben; wenige nur konnten ohne Augenzwinkern noch behaupten: »Das habe ich so gewollt«. Identitäten wurden durch Flugbahnen bestimmt.

Vierte Überraschung. Diese verstreuten Erfahrungen wurden anscheinend im Namen von mehr oder weniger gemeinsamen Idealen gemacht, sie waren ähnlich organisiert und benutzten ein Vokabular, mit dem sich die Kulturen untereinander verstehen konnten. Aber daraus ist kein weltumspannendes Denken entstanden. Besteht die Tendenz zu einer Weltwirtschaft? Ganz bestimmt. Eine Tendenz zur weltweiten Gültigkeit politischer Kalküle? Zweifellos. Aber eine Universalisierung des politischen Bewusstseins – bestimmt nicht.

Jean Daniel zählt die Überraschungen auf: seine eigenen und die der anderen. Er ist überrascht darüber, dass die anderen sich noch überraschen lassen; und die anderen sind überrascht, verwundert oder empört darüber, dass er sich nicht mehr überraschen lässt. So wird im Laufe seines subtilen Berichts das erscheinen, was für ihn die große »Evidenz« ausmacht, die bislang stets das Bewusstsein der Linken strukturiert hat: dass die Geschichte von der Revolution beherrscht wird. Viele Linke hatten diese Vorstellung aufgegeben, unter der Bedingung allerdings, einen Ersatz dafür zu finden und sagen zu können: ich mache auch was und zudem noch sauberer und sicherer. Und um ihre stumpfe Evidenz zu verlieren, die sie immer historisch überfällig werden ließ, musste jene Revolution zu uns erst über die Dritte Welt (wo sie nicht stattgefunden hatte) in der entblößten Form reiner Gewalt zurückkehren.

Der Einsatz des Buches liegt offenbar darin: 30 Jahre Erfahrung führen uns dahin, »keiner Revolution mehr zu trauen«, wenn wir auch »jede Revolte begreifen« können. Welche Wirkung kann nun aber eine solche Schlussfolgerung für ein Volk (und eine Linke) haben, das die Revolution zweifellos nur deshalb lieber »weiter weg und später« haben will, weil es hier und jetzt zutiefst konservativ ist? Mit dem Verzicht auf die Leerformel einer Weltrevolution muss man – um nicht völlig unbeweglich zu werden – sich auch vom Konservatismus losreißen. Und zwar umso dringlicher, als die Existenz unserer Gesellschaft von diesem Konservativismus bedroht wird, d. h. von einer ihrer Entwicklung innewohnenden Trägheit.

Die alte Frage der Linken lautete: »Wir existieren, doch wer sind wir?« Dieser alten Frage verdankt die Linke ihre Existenz, ohne sie jemals beantwortet zu haben. Das Buch von Jean Daniel schlägt nun vor, diese Frage durch eine andere zu ersetzen: »Was müssen diejenigen sein oder besser: tun, die begreifen, dass man sich vom Konservativismus losreißen muss, um auch nur *existieren* zu können und langfristig nicht sämtlich tot zu sein?«

Jean Daniel hat nicht versucht, jene Augenblicke wiederherzustellen, die sich stets im Leben ergeben, die Augenblicke, in denen das, was man am sichersten gewusst hat, sich plötzlich als Irrtum herausstellt. In seinem ganzen Buch sucht er nach Augenblicken, die subtiler, verborgener und auch entscheidender sind: in denen die Evidenzen sich verlieren. Sie sind nicht nur deshalb schwer fassbar, weil sie nie genau datierbar sind, sondern auch, weil sie immer schon längst vorbei sind, wenn man sich ihrer bewusst wird.

Natürlich spielen bei diesen Veränderungen neue Erfahrungen oder jähe Umschwünge in der Welt eine Rolle, aber nicht die entscheidende. Als Reflexion über die verschwimmenden Evidenzen zeigt *L'ère des ruptures* deutlich zweierlei: zunächst verschwindet etwas Evidentes nicht erst dann, wenn es durch etwas Neueres oder Deutlicheres ersetzt wird, sondern bereits wenn allmählich die Bedingungen entdeckt werden, die es evident machten: die Vertrautheit, auf die es sich stützen konnte; die Unklarheit, aus der seine Deutlichkeit bestand, und all das sehr weit Hergeholte, was es insgeheim aufrechterhielt und bewirkte, dass es »sich von selbst verstand.«

Und dann ist die neue Evidenz immer auch ein bisschen eine Idee, die man im Hinterkopf hat. Mit ihr kann man wieder sehen, was man nie völlig aus den Augen verloren hatte; sie erweckt den seltsamen Eindruck, dass man immer schon ein wenig an das gedacht hatte, was man nie deutlich gesagt hatte, und dass man schon auf tausend verschiedene Weisen das gesagt hatte, was man noch nie wirklich gedacht hatte. Im Kapitel »Das allen verheißene Land« braucht man nur die Seiten über das Recht der Palästinenser und die Sache der Israelis zu lesen: all die Wechsel der Gesichtspunkte, die durch die Ereignisse oder das Umfeld ausgelöst werden, lassen Licht und Schatten aufkommen: wie in Blida und seinerzeit in Algerien.

Es ist unmöglich, beim Lesen dieser Seiten nicht an die Lehre Merleau-Pontys und an das zu denken, was für ihn die wesentliche Aufgabe der Philosophie darstellte: es sich niemals erlauben, sich mit seinen eigenen Gewissheiten und Evidenzen bequem einzurichten; sie niemals einschlafen lassen, aber auch nicht glauben, dass schon eine neue Sachlage ausreicht, sie umzukehren; sich nicht vorstellen, dass man sie ändern kann wie willkürliche Axiome; daran denken, dass man – um ihnen die unerlässliche Beweglichkeit zu erhalten – zwar in die Ferne blicken muss, doch auch in die Nähe und um sich herum. Es bedarf des rechten Gespürs dafür, dass alles, was man wahrnimmt, nur deshalb evident ist, weil es in einem vertrauten und kaum erkannten Horizont steht; dass jede Gewissheit nur deshalb sicher ist, weil sie sich auf einen nie untersuchten Boden stützt. Auch der vergänglichste Augenblick hat seine Wurzeln. Darin liegt eine ganze Ethik der Evidenz, die nie einschläft. Sie schließt nicht etwa eine Ökonomie des Wahren und Falschen aus, aber sie geht auch nicht in dieser auf.

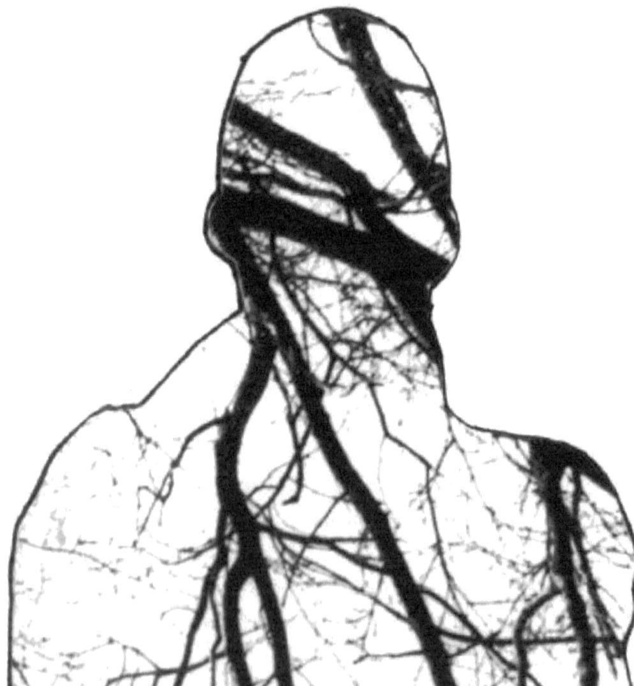

Eine Ästhetik der Existenz

Gespräch mit Alessandro Fontana

Seit *Der Wille zum Wissen** sind sieben Jahre vergangen. Ich weiß, dass Ihre letzten Bücher Ihnen Probleme gemacht haben, und dass Sie dabei auf Schwierigkeiten gestoßen sind. Ich würde nun gern etwas von Ihnen über diese Schwierigkeiten hören und über jene Reise in die griechisch-römische Welt, die Ihnen wenn auch nicht unbekannt, so zumindest ein wenig fremd war.

Die Schwierigkeiten entstanden aus dem Projekt selbst, das sie doch gerade vermeiden wollte. Als ich meine Arbeit nach einem im Voraus entworfenen Plan auf mehrere Bände ausrichtete, hatte ich mir gesagt, dass nun die Zeit gekommen wäre, wo ich sie ohne Schwierigkeiten hätte schreiben und einfach hätte abspulen könne, was ich im Kopf hatte, indem ich es durch empirische Forschung belegte.

Ich wäre beinahe vor Langeweile gestorben, wenn ich diese Bücher geschrieben hätte. Sie glichen zu sehr den vorigen. Für manche heißt ein Buch schreiben stets etwas zu riskieren, z. B. zu riskieren, es nicht zu schaffen, das Buch zu schreiben. Wenn man schon im Voraus weiß, wohin man gelangen will, so fehlt eine Dimension der Erfahrung, die Dimension, die genau darin besteht, ein Buch zu schreiben und damit vielleicht nicht zum Ende zu kommen. So habe ich denn das allgemeine Projekt geändert: anstatt die Sexualität an den Grenzen des Wissens und

---

* Frankfurt/Main 1977.

der Macht aufzusuchen, habe ich versucht, weiter zurückzugehen und danach zu forschen, wie sich für das Subjekt selbst die Erfahrung seiner Sexualität als Begehren konstituiert hat. Um diese Problematik herauszulösen, musste ich sehr alte lateinische und griechische Texte genau studieren, was mich viel Vorbereitung und große Anstrengung gekostet und bis zuletzt in ziemlich großer Unsicherheit und Unschlüssigkeit belassen hat.

In Ihren Arbeiten gibt es stets eine gewisse »Intentionalität«, die den Lesern häufig entgeht. *Wahnsinn und Gesellschaft** war im Grunde die Geschichte von der Konstitution jenes Wissens, das man Psychologie nennt; *Die Ordnung der Dinge*** war die Archäologie der Humanwissenschaften; *Überwachen und Strafen**** behandelte das Einsetzen von Disziplinierungspraktiken des Körpers und der Seele. Offenbar steht nun im Zentrum Ihrer neuen Bücher etwas, das Sie die »Spiele der Wahrheit« nennen.

Ich glaube nicht, dass es einen großen Unterschied zwischen diesen Büchern und den vorhergehenden gibt. Wenn man Bücher wie diese schreibt, möchte man unbedingt das, was man denkt, vollkommen verändern und sich am Schluss als ein ganz anderer wiederfinden als der, der man zu Beginn war. Und dann wird man sich darüber klar, dass man sich im Grunde recht wenig verändert hat. Man hat vielleicht die Perspektive gewechselt und ist herumgegangen um das Problem, das immer dasselbe ist, d. h. das Verhältnis zwischen Subjekt, Wahrheit und Konstitution der

* Frankfurt/Main 1969.

** Frankfurt/Main 1971.

*** Frankfurt/Main 1976.

Erfahrung. Ich habe versucht zu untersuchen, auf welche Weise Gebiete wie die des Wahnsinns, der Sexualität und der Delinquenz wieder in ein bestimmtes Spiel der Wahrheit hineinkommen können, und wie auf der anderen Seite über diese Einfügung der menschlichen Praktiken und Verhaltensweisen ins Spiel der Wahrheit das Subjekt selbst berührt worden ist. Eben das war das Problem der Geschichte des Wahnsinns und der Sexualität.

Handelt es sich im Grunde dabei um eine neue Genealogie der Moral?

Wäre der Titel nicht so feierlich, und wäre damit nicht die großartige Signatur von Nietzsche verbunden, so würde ich sagen: ja.

In einem Text, *Usage des plaisirs et techniques de soi*, der im *Débat* vom November 1983 erschienen ist, sprechen Sie bezüglich der Antike von Moralen, die an einer Ethik orientiert sind, und von Moralen, die an einem Kodex orientiert sind. Verläuft hier die Trennungslinie zwischen den Moralen der griechisch-römischen Welt und denen, die mit dem Christentum entstanden sind?

Man hat gesehen, wie sich mit dem Christentum eine langsame, aber fortschreitende Veränderung in Bezug auf die Moralen der Antike vollzieht, Moralen, die wesentlich eine Praktik und ein Freiheitsstil waren. Natürlich gab es auch bestimmte Verhaltensnormen, welche die Lebensführung des einzelnen regelten. Aber der Wille, ein moralisches Subjekt zu sein, und die Suche nach einer Ethik der Existenz bestanden in der Antike vor allem in der Anstrengung, seine Freiheit zu bejahen und dem eigenen Leben eine gewisse Form zu geben, in der man sich wiedererkennen konnte, von den anderen anerkannt wurde und worin auch die Nachwelt noch ein Beispiel finden konnte.

Diese Ausarbeitung des eigenen Lebens als eines persönlichen Kunstwerks, auch wenn sie kollektiven Kanons folgte, war im Kern wohl eine moralische Erfahrung, ein Wille zur Moral in der Antike. Im Christentum mit seiner Religion des geschriebenen Worts, seiner Vorstellung von einem Willen Gottes und seinem Prinzip des Gehorsams nahm die Moral hingegen viel stärker die Form eines Regelkodex an (nur bestimmte Praktiken der Askese waren noch an die Ausübung einer persönlichen Freiheit gebunden).

Von der Antike zum Christentum geht man von einer Moral, die wesentlich Suche nach einer persönlichen Ethik war, über zu einer Moral als Gehorsam gegenüber einem Regelsystem. Ich hatte mich nun für die Antike aus einer ganzen Reihe von Gründen interessiert: die Idee einer Moral als Gehorsam gegenüber einem Regelkodex ist heute im Verschwinden begriffen und ist schon verschwunden. Und diesem Fehlen von Moral will und muss die Suche nach einer Ästhetik der Existenz antworten.

Hat das ganze Wissen, das in den letzten Jahren über den Körper, die Sexualität und die Disziplinierungspraktiken angehäuft worden ist, denn nun unser Verhältnis zu den anderen und unser In-der-Welt-sein verbessert?

Ich kann nicht umhin zu denken, dass eine ganze Reihe von Themen, die (auch unabhängig von politischen Entscheidungen) wieder diskutiert worden sind, und die sich um bestimmte Existenzformen, Verhaltensnormen etc. drehten: das Verhältnis zum Körper, zwischen Mann und Frau, zur Sexualität..., dass all das im Grunde sehr fruchtbar war.

Also hat uns dieses Wissen geholfen, besser zu leben.

Nicht nur die praktischen Probleme haben sich geändert, sondern auch der philosophische, der theoretische und der kritische Diskurs: freilich wurde in den meisten der geleisteten Analysen den Leuten nicht nahegelegt, was sie sein und tun, was sie glauben und denken sollten. Es handelte sich eher darum zu zeigen, wie die sozialen Mechanismen bislang zum Tragen kommen konnten, und wie sich die Formen der Unterdrückung und des Zwangs ausgewirkt haben. Davon ausgehend lässt man dann wohl den Leuten selbst die Möglichkeit, sich festzulegen und im Wissen darum über ihr Leben zu entscheiden.

Vor fünf Jahren haben wir in Ihrem Seminar im Collège de France begonnen, Friedrich A. von Hayek und Ludwig von Mises zu lesen. Da haben wir uns gesagt: anhand einer Reflexion über den Liberalismus wird Foucault uns ein Buch über die Politik bringen. Der Liberalismus erschien als ein weiterer Umweg, um das Individuum jenseits der Mechanismen der Macht wiederzufinden. Ihre Streitigkeiten mit dem phänomenologischen und mit dem psychologischen Subjekt sind bekannt. Seinerzeit fing man an, über ein Subjekt von Praktiken zu sprechen, und in diesem Zusammenhang stand auch ein wenig die erneute Lektüre des Liberalismus. Es ist ein offenes Geheimnis, das mehrmals verraten wurde: im Werk von Foucault gibt es kein Subjekt. Die Subjekte sind immer unterworfen, sie sind Ansatzpunkte für normative Techniken und Disziplinen, aber nie sind sie souveräne Subjekte.

Hier muss man unterscheiden. Zunächst denke ich allerdings, dass es kein souveränes und konstitutives Subjekt gibt, keine universelle Form des Subjekts, die man überall wiederfinden könnte. Einer solchen Konzeption vom Subjekt stehe ich sehr skeptisch, ja feindlich gegenüber. Ich denke hingegen, dass das Subjekt sich über Praktiken der Unterwerfung konstituiert bzw. – auf autonomere Art und Weise – über Praktiken der Befreiung und der Freiheit. So geschah es in der Antike, und zwar ausgehend, wohlgemerkt, von einer gewissen Anzahl von Regeln, Stilen und Konventionen, die sich im kulturellen Bereich wiederfinden.

Das führt uns zum politischen Zeitgeschehen: auf internationaler Ebene haben wir die Erpressung von Yalta und die Konfrontation der Blöcke; auf innenpolitischer Ebene lauert das Gespenst der Krise. Angesichts dessen scheint es zwischen der Linken und der Rechten nurmehr einen Stilunterschied zu geben. Wie soll man sich nun gegenüber dieser Realität und ihren Diktaten entscheiden, wo es doch offenbar keine mögliche Alternative mehr gibt?

Ihre Frage scheint mir richtig, aber zugleich ein bisschen zugespitzt. Man müsste sie in zwei Arten von Fragen zerlegen. Erstens, muss man die Verhältnisse akzeptieren oder nicht? Zweitens, wenn man sie nicht akzeptiert, was kann man dann tun? Die erste Frage lässt sich unzweideutig beantworten: man muss nicht akzeptieren, nicht, dass der Krieg unterschwellig noch weiter geht, nicht, dass eine bestimmte strategische Lage in Europa verlängert wird, und auch nicht, dass die Hälfte Europas unterjocht ist.

Danach stellt sich eine andere Frage: »Was kann man gegen eine Macht wie die Sowjetunion tun, wenn man unsere eigene Regierung in Betracht zieht und die Völker, die zu beiden Seiten des Eisernen Vorhangs die Teilung, so wie sie erfolgt ist, anfechten wollen?« In Bezug auf die Sowjetunion kann man nicht viel tun, es sei denn, so wirksam wie möglich denjenigen zu helfen, die vor Ort kämpfen. Was die beiden anderen Zielscheiben angeht, so gibt es alle Hände voll zu tun.

Also braucht man nicht eine sozusagen Hegelianische Haltung zu übernehmen und die Wirklichkeit akzeptieren, wie sie ist oder wie sie dargestellt wird. Es bleibt eine letzte Frage hierzu: Gibt es in der Politik eine Wahrheit?

Ich glaube zu sehr an die Wahrheit, um nicht anzunehmen, dass es verschiedene Wahrheiten und verschiedene Weisen gibt, sie auszusprechen. Gewiss kann man von einer Regierung nicht verlangen, die Wahrheit, die ganze Wahrheit und nichts als die Wahrheit zu sagen. Hingegen ist es möglich, von den Regierenden eine gewisse Wahrheit zu verlangen, was ihre Hauptprojekte, die allgemeinen Entscheidungen ihrer Taktik und eine bestimmte Zahl besonderer Punkte in ihrem Programm anbelangt: das ist die *parrhesia* (die freie Rede) des Regierten, der Anfragen an die Regierung stellen kann und soll – im Namen des Wissens und der Erfahrung, die er als Staatsbürger besitzt; er kann fragen, was der andere macht, fragen nach dem Sinn seines Handelns und nach den Entscheidungen, die dieser gefällt hat.

Man muss indessen eine Falle vermeiden, in welche die Regierungen die Intellektuellen gehen lassen wollen, und in die sie häufig auch gehen: »Versetzt Euch an unsere Stelle, und sagt, was Ihr dann tätet.« Das ist keine Frage, die man beantworten müsste. Eine Entscheidung in irgendeinem Bereich zu treffen, setzt eine Kenntnis der Materie voraus, die uns verweigert wird, und eine Analyse der Situation, zu der man uns noch nicht die Gelegenheit gegeben hat. Das ist also eine Falle. Dennoch haben wir als Regierte das gute Recht, Fragen nach der Wahrheit zu stellen: »Was macht Ihr, z. B. wenn Ihr gegen die Euromissiles seid oder sie im Gegenteil befürwortet, wenn Ihr die Stahlproduktion in Lothringen umstrukturiert, wenn Ihr das Thema der freien Schulen anschneidet?«

Eine lange Forschung, eine lange Meditation, ist so etwas wie ein Abstieg in die Unterwelt, ein Abstieg, bei dem man sich auf die Suche nach einer Wahrheit begibt. Auf welchen Leser möchten Sie nun treffen, um ihm diese Wahrheit zu erzählen? Denn wenn es vielleicht auch noch gute Autoren gibt, so gibt es doch erwiesenermaßen immer weniger gute Leser.

Ich würde von Lesern überhaupt sprechen. Es stimmt, dass man nicht mehr gelesen wird. Das erste Buch, das man schreibt, wird gelesen, weil man noch nicht bekannt ist, weil die Leute nicht wissen, wer wir sind. So wird es in Durcheinander und Verwirrung gelesen, was mir nur recht sein kann. Es besteht kein Grund, warum man zusätzlich zum Buch auch noch das Gesetz des Buches schreiben sollte. Einziges Gesetz sind alle von diesem Buch möglichen Lesarten. Ich habe überhaupt nichts dagegen, dass ein Buch, das gelesen wird, auf verschiedene Weisen gelesen wird. Schlimm ist nur, dass man in dem Maße, wie man Bücher schreibt, überhaupt nicht mehr gelesen wird, sondern dass – von Entstellung zu Entstellung, wobei die Bücher der einen über die Fußnoten der anderen gelesen werden – schließlich ein völlig groteskes Bild vom Buch entsteht.

Hier stellt sich allerdings ein Problem: muss man in die Polemik eintreten, jede dieser Entstellungen entgegnen und damit den Lesern etwas vorschreiben, was mir zuwider ist, oder darf –

was mir ebenso zuwider ist – das Buch bis zur Karikatur seiner selbst entstellt werden?

Dafür gäbe es eine Lösung: Das einzige Gesetz über die Presse, das einzige Gesetz über das Buch, das man aufstellen sollte, wäre zu unterbinden, dass der Name des Autors zweimal verwendet wird, und zusätzlich sollte dem Autor das Recht auf Anonymität und aufs Pseudonym gewährt werden, damit jedes Buch für sich selbst gelesen werden kann. Es gibt Bücher, bei denen die Kenntnis des Autors ein Schlüssel zu Verstehbarkeit ist. Aber von wenigen großen Autoren abgesehen, nützt diese Kenntnis bei den meisten Autoren überhaupt nichts. Sie dient als Schirm. Für jemanden wie mich, der ich kein großer Autor bin, sondern lediglich jemand, der Bücher produziert, wäre es wünschenswert, dass sie für sich selbst gelesen werden, mit ihren Schwächen und ihren möglichen Qualitäten.

Editorische Notiz

»Le philosophe masqué«, anonym in: *Le Monde*, 6.4.80, deutsch in: *Solo*, Berlin 1981

»Sexuality and Solitude«, Seminar am Institute for the Humanities (New York) am 20.11.1980, in: *London Review of Books*, 21.5.- 3.6.1981

»Un plaisir si simple«, in: *Le Gai Pied*, No. 1, Paris April 1979

»Sade, Sergent du Sexe«, in: *cinématographe*, No. 16, Paris Dez. 1975 - Jan. 1976

»Le sexe comme une morale«, in: *Le Nouvel Observateur*, No. 1021, Paris 1.-7.6.1984

»De l'amitié comme mode de vie«, in: *Le Gai Pied*, No. 25, Paris April 1981

»Histoire et homosexualité«, in: *Masques*, No.13, Paris Frühjahr 1982

»Des caresses d'hommes considérées comme un art«, in: *Libération*, Paris 1.6.1982

»Le souci de la vérité«, in: *Le Nouvel Observateur*, Paris 17.2.1984

»Pour une morale de l'inconfort«, in: *Le Nouvel Observateur*, Paris 23.4.1979

»Une esthétique de l'existence«, in: *Le Monde*, Paris 15./16.7. 1984

Internationaler Merve Diskurs **www.merve.de**

296 Steinweg / Trockel Duras
298 Wagner Licht im Schacht von Babel
300 Kojève Überlebensformen
301 Han Abwesen
302 Cauquelin Verkehr
303 Badiou Manifest für den Affirmationismus
304 Berio, Fabbri, Nancy u.a. Allesdurchdringung
305 Wörterbuch des Krieges
306 Paul Virilio und die Künste
308 Serres Aufklärungen
309 Perniola Fühlen
310 Rancière Ist Kunst widerständig?
312 Stengers Spekulativer Konstruktivismus
313 Jullien u.a. Kontroverse über China
314 Probst / Zischler Großes Kino, kleines Kino
317 Bourriaud Radikant
320 Böttger / von Borries Bessere Zukunft?
322 von Schlegell Realometer
323 Serres Übel
325 Jullien Universale
327 Bloy Huysmans
328 Badiou Politik
329 Böhringer / Hansen / Kufus einfach
333 Kapielski Zeitbehälter
334 TIQQUN Theorie des Mädchens

Hardcover

Deleuze / Guattari Tausend Plateaus
Qrt Drachensaat
Serres Hermes 1 Kommunikation
Serres Hermes 2 Interferenz
Serres Hermes 3 Übersetzung
Serres Hermes 4 Verteilung
Serres Hermes 5 Nordwestpassage